PREFACIO

La colección de guías de conversación para viajar "Todo irá bien" publicada por T&P Books está diseñada para personas que viajan al extranjero para turismo y negocios. Las guías contienen lo más importante - los elementos esenciales para una comunicación básica.Éste es un conjunto de frases imprescindibles para "sobrevivir" mientras está en el extranjero.

Esta guía de conversación le ayudará en la mayoría de los casos donde usted necesite pedir algo, conseguir direcciones, saber cuánto cuesta algo, etc. Puede también resolver situaciones difíciles de la comunicación donde los gestos no pueden ayudar.

Este libro contiene muchas frases que han sido agrupadas según los temas más relevantes. Una sección separada del libro también ofrece un pequeño diccionario con más de 1.500 palabras importantes y útiles.

Llévese la guía de conversación "Todo irá bien" en el camino y tendrá una insustituible compañera de viaje que le ayudará a salir de cualquier situación y le enseñará a no temer hablar con extranjeros.

TABLA DE CONTENIDOS

Pronunciación 5
Lista de abreviaturas 7
Guía de conversación Español-Estonio 9
Diccionario Conciso 73

T&P Books Publishing

Colección de guías de conversación
"¡Todo irá bien!"

T&P Books Publishing

GUÍA DE CONVERSACIÓN
ESTONIO

LAS PALABRAS Y LAS FRASES MÁS ÚTILES

Esta Guía de Conversación contiene las frases y las preguntas más comunes necesitadas para una comunicación básica con extranjeros

Andrey Taranov

T&P BOOKS

Guía de conversación + diccionario de 1500 palabras

Guía de conversación Español-Estonio y diccionario conciso de 1500 palabras

por Andrey Taranov

La colección de guías de conversación para viajar "Todo irá bien" publicada por T&P Books está diseñada para personas que viajan al extranjero para turismo y negocios. Las guías contienen lo más importante - los elementos esenciales para una comunicación básica. Éste es un conjunto de frases imprescindibles para "sobrevivir" mientras está en el extranjero.

Una otra sección del libro también ofrece un pequeño diccionario con más de 1.500 palabras útiles. El diccionario incluye muchos términos gastronómicos y será de gran ayuda para pedir los alimentos en un restaurante o comprando comestibles en la tienda.

T&P Books Publishing
www.tpbooks.com

ISBN: 978-1-78716-304-1

Este libro está disponible en formato electrónico o de E-Book también.
Visite www.tpbooks.com o las librerías electrónicas más destacadas en la Red.

PRONUNCIACIÓN

La letra	Ejemplo estonio	T&P alfabeto fonético	Ejemplo español

Las vocales

La letra	Ejemplo estonio	T&P alfabeto fonético	Ejemplo español
a	vana	[ɑ]	radio
aa	poutaa	[ɑ:]	arado
e	ema	[e]	verano
ee	Ameerika	[e:]	sexto
i	ilus	[i]	ilegal
ii	viia	[i:]	destino
o	orav	[o]	bordado
oo	antiloop	[o:]	domicilio
u	surma	[u]	mundo
uu	arbuus	[u:]	jugador
õ	võõras	[ɔu]	snowboard
ä	pärn	[æ]	vencer
ö	köha	[ø]	alemán - Hölle
ü	üks	[y]	pluma

Las consonantes

La letra	Ejemplo estonio	T&P alfabeto fonético	Ejemplo español
b	tablett	[b]	en barco
d	delfiin	[d]	desierto
f	faasan	[f]	golf
g	flamingo	[g]	jugada
h	haamer	[h]	registro
j	harjumus	[j]	asiento
k	helikopter	[k]	charco
l	ingel	[l]	lira
m	magnet	[m]	nombre
n	nöör	[n]	número
p	poolsaar	[p]	precio
r	ripse	[r]	era, alfombra
s	sõprus	[s]	salva
š	šotlane	[ʃ]	shopping
t	tantsima	[t]	torre
v	pilves	[ʋ]	cerveza

La letra	Ejemplo estonio	T&P alfabeto fonético	Ejemplo español
z	zookauplus	[z]	desde
ž [1]	žonglöör	[ʒ]	Shanghái, jazz

Comentarios

[1] en palabras prestadas solamente

LISTA DE ABREVIATURAS

Abreviatura en español

adj	-	adjetivo
adv	-	adverbio
anim.	-	animado
conj	-	conjunción
etc.	-	etcétera
f	-	sustantivo femenino
f pl	-	femenino plural
fam.	-	uso familiar
fem.	-	femenino
form.	-	uso formal
inanim.	-	inanimado
innum.	-	innumerable
m	-	sustantivo masculino
m pl	-	masculino plural
m, f	-	masculino, femenino
masc.	-	masculino
mat	-	matemáticas
mil.	-	militar
num.	-	numerable
p.ej.	-	por ejemplo
pl	-	plural
pron	-	pronombre
sg	-	singular
v aux	-	verbo auxiliar
vi	-	verbo intransitivo
vi, vt	-	verbo intransitivo, verbo transitivo
vr	-	verbo reflexivo
vt	-	verbo transitivo

GUÍA DE CONVERSACIÓN ESTONIO

Esta sección contiene frases
importantes que pueden
resultar útiles en varias
situaciones de la vida real.
La Guía le ayudará a pedir
direcciones, aclaración
sobre precio, comprar billetes,
y pedir alimentos en un
restaurante

T&P Books Publishing

CONTENIDO DE LA GUÍA DE CONVERSACIÓN

Lo más imprescindible 12
Preguntas 15
Necesidades 16
Preguntar por direcciones 18
Carteles 20
Transporte. Frases generales 22
Comprar billetes 24
Autobús 26
Tren 28
En el tren. Diálogo (Sin billete) 29
Taxi 30
Hotel 32
Restaurante 35
De Compras 37
En la ciudad 39
Dinero 41

Tiempo 43
Saludos. Presentaciones. 45
Despedidas 47
Idioma extranjero 49
Disculpas 50
Acuerdos 51
Rechazo. Expresar duda 52
Expresar gratitud 54
Felicitaciones , Mejores Deseos 55
Socializarse 56
Compartir impresiones. Emociones 59
Problemas, Accidentes 61
Problemas de salud 64
En la farmacia 67
Lo más imprescindible 69

T&P Books Publishing

Lo más imprescindible

Perdone, ...	**Vabandage, ...** [ʋabandage, ...]
Hola.	**Tere.** [tere]
Gracias.	**Aitäh.** [aitæh]

Sí.	**Jah.** [jah]
No.	**Ei.** [ej]
No lo sé.	**Ma ei tea.** [ma ej tea]
¿Dónde? | ¿A dónde? | ¿Cuándo?	**Kus? | Kuhu? | Millal?** [kus? | kuhu? | milˈæl?]

Necesito ...	**Mul on ... vaja** [mulʲ on ... ʋaja]
Quiero ...	**Ma tahan ...** [ma tahan ...]
¿Tiene ...?	**Kas teil on ... ?** [kas tejlʲ on ... ?]
¿Hay ... por aquí?	**Kas siin on kusagil ... ?** [kas siːn on kusagilʲ ... ?]
¿Puedo ...?	**Kas ma tohin ...?** [kas ma tohin ...?]
..., por favor? (petición educada)	**Palun, ...** [palun, ...]

Busco ...	**Ma otsin ...** [ma otsin ...]
el servicio	**tualetti** [tualetti]
un cajero automático	**pangaautomaati** [pangaːutomaːti]
una farmacia	**apteeki** [apteːki]
el hospital	**haiglat** [haiglat]

la comisaría	**politseijaoskonda** [politsejjaoskonda]
el metro	**metroojaama** [metroːjaːma]

un taxi	**taksot** [taksot]
la estación de tren	**raudteejaama** [raudte:ja:ma]

Me llamo …	**Minu nimi on …** [minu nimi on …]
¿Cómo se llama?	**Mis teie nimi on?** [mis teje nimi on?]
¿Puede ayudarme, por favor?	**Palun aidake mind.** [palun aidake mind]
Tengo un problema.	**Ma vajan teie abi.** [ma vajan teje abi]
Me encuentro mal.	**Mul on halb olla.** [mulʲ on halʲb olʲæ]
¡Llame a una ambulancia!	**Kutsuge kiirabi!** [kutsuge ki:rabi!]
¿Puedo llamar, por favor?	**Kas ma tohin helistada?** [kas ma tohin helisʲtada?]

Lo siento.	**Vabandage.** [vabandage]
De nada.	**Tänan.** [tænan]

Yo	**mina, ma** [mina, ma]
tú	**sina, sa** [sina, sa]
él	**tema, ta** [tema, ta]
ella	**tema, ta** [tema, ta]
ellos	**nemad, nad** [nemad, nat]
ellas	**nemad, nad** [nemad, nat]
nosotros /nosotras/	**meie, me** [meje, me]
ustedes, vosotros	**teie, te** [teje, te]
usted	**teie** [teje]

ENTRADA	**SISSEPÄÄS** [sissepæ:s]
SALIDA	**VÄLJAPÄÄS** [væljapæ:s]
FUERA DE SERVICIO	**EI TÖÖTA** [ej tø:ta]
CERRADO	**SULETUD** [suletut]

ABIERTO

PARA SEÑORAS

PARA CABALLEROS

AVATUD
[avatut]

NAISTE
[naisⁱte]

MEESTE
[me:sⁱte]

Preguntas

¿Dónde?	**Kus?** [kus?]
¿A dónde?	**Kuhu?** [kuhu?]
¿De dónde?	**Kust?** [kusʲt?]
¿Por qué?	**Miks?** [miks?]
¿Con que razón?	**Milleks?** [milʲeks?]
¿Cuándo?	**Millal?** [milʲæl?]

¿Cuánto tiempo?	**Kui kaua?** [kui kaua?]
¿A qué hora?	**Mis ajal?** [mis ajal?]
¿Cuánto?	**Kui palju maksab?** [kui palju maksab?]
¿Tiene ...?	**Kas teil on ...?** [kas tejlʲ on ...?]
¿Dónde está ...?	**Kus asub ...?** [kus asub ...?]

¿Qué hora es?	**Mis kell on?** [mis kelʲ on?]
¿Puedo llamar, por favor?	**Kas ma tohin helistada?** [kas ma tohin helisʲtada?]
¿Quién es?	**Kes seal on?** [kes sealʲ on?]
¿Se puede fumar aquí?	**Kas tohin siin suitsetada?** [kas tohin siːn suitsetada?]
¿Puedo ...?	**Kas ma tohin ...?** [kas ma tohin ...?]

Necesidades

Quisiera …	**Ma tahaksin …** [ma tahaksin …]
No quiero …	**Ma ei taha …** [ma ej taha …]
Tengo sed.	**Mul on janu.** [mulʲ on janu]
Tengo sueño.	**Ma tahan magada.** [ma tahan magada]
Quiero …	**Ma tahan …** [ma tahan …]
lavarme	**käsi pesta** [kæsi pesʲta]
cepillarme los dientes	**hambaid pesta** [hambait pesʲta]
descansar un momento	**veidi puhata** [ʋejdi puhata]
cambiarme de ropa	**riideid vahetada** [riːdejt ʋahetada]
volver al hotel	**hotelli tagasi minna** [hotelʲi tagasi minna]
comprar …	**osta …** [osʲta …]
ir a …	**minna …** [minna …]
visitar …	**külastada …** [kʉlasʲtada …]
quedar con …	**kohtuda …** [kohtuda …]
hacer una llamada	**helistada** [helisʲtada]
Estoy cansado /cansada/.	**Ma olen väsinud.** [ma olen ʋæsinud]
Estamos cansados /cansadas/.	**Me oleme väsinud.** [me oleme ʋæsinud]
Tengo frío.	**Mul on külm.** [mulʲ on kʉlʲm]
Tengo calor.	**Mul on palav.** [mulʲ on palaʋ]
Estoy bien.	**Ma tunnen ennast hästi.** [ma tunnen ennasʲt hæsʲti]

Tengo que hacer una llamada. | **Mul on vaja helistada.**
[mulʲ on ʋaja helisʲtada]

Necesito ir al servicio. | **Pean tualetti minema.**
[pean tualetti minema]

Me tengo que ir. | **Ma pean lahkuma.**
[ma pean lahkuma]

Me tengo que ir ahora. | **Ma pean nüüd lahkuma.**
[ma pean nu:t lahkuma]

Preguntar por direcciones

Perdone, ...	**Vabandage, ...** [ʋabandage, ...]
¿Dónde está ...?	**Kus asub ...?** [kus asub ...?]
¿Por dónde está ...?	**Kuspool asub ...?** [kuspoːlʲ asub ...?]
¿Puede ayudarme, por favor?	**Palun, kas aitaksite mind?** [palun, kas aitaksite mind?]
Busco ...	**Ma otsin ...** [ma otsin ...]
Busco la salida.	**Ma otsin väljapääsu.** [ma otsin ʋæljapæːsu]
Voy a ...	**Ma sõidan ...** [ma sɜidan ...]
¿Voy bien por aquí para ...?	**Kas ma lähen õiges suunas, et jõuda ...?** [kas ma lʲæhen ɜiges suːnas, et jɜuda ...?]
¿Está lejos?	**Kas see on kaugel?** [kas seː on kaugel?]
¿Puedo llegar a pie?	**Kas ma saan sinna jalgsi minna?** [kas ma saːn sinna jalʲgsi minna?]
¿Puede mostrarme en el mapa?	**Palun näidake mulle seda kaardil.** [palun næjdake mulʲe seda kaːrdil]
Por favor muestreme dónde estamos.	**Näidake mulle, kus me praegu asume.** [næjdake mulʲe, kus me praegu asume]
Aquí	**Siin** [siːn]
Allí	**Seal** [sealʲ]
Por aquí	**Siia** [siːa]
Gire a la derecha.	**Keerake paremale.** [keːrake paremale]
Gire a la izquierda.	**Keerake vasakule.** [keːrake ʋasakule]
la primera (segunda, tercera) calle	**esimesel (teisel, kolmandal) ristmikul** [esimeselʲ (tejselʲ, kolʲmandalʲ) risʲtmikulʲ]
a la derecha	**paremale** [paremale]

a la izquierda

vasakule
[uasakule]

Siga recto.

Minge otse edasi.
[minge otse edasi]

Carteles

¡BIENVENIDO!	**TERE TULEMAST!** [tere tulemasˈt!]
ENTRADA	**SISSEPÄÄS** [sissepæ:s]
SALIDA	**VÄLJAPÄÄS** [ʋæljapæ:s]

EMPUJAR	**LÜKAKE** [lʉkake]
TIRAR	**TÕMMAKE** [tɜmmake]
ABIERTO	**AVATUD** [aʋatut]
CERRADO	**SULETUD** [suletut]

PARA SEÑORAS	**NAISTE** [naisˈte]
PARA CABALLEROS	**MEESTE** [me:sˈte]
CABALLEROS	**MEESTI TUALETT** [me:sˈti tualett]
SEÑORAS	**NAISTE TUALETT** [naisˈte tualett]

REBAJAS	**ALLAHINDLUS** [alʲæhintlus]
VENTA	**ODAV VÄLJAMÜÜK** [odaʋ ʋæljamʉ:k]
GRATIS	**TASUTA** [tasuta]
¡NUEVO!	**UUS!** [u:s!]
ATENCIÓN	**TÄHELEPANU!** [tæhelepanu!]

COMPLETO	**VABU KOHTI POLE** [ʋabu kohti pole]
RESERVADO	**RESERVEERITUD** [reserʋe:ritut]
ADMINISTRACIÓN	**ADMINISTRATSIOON** [adminisˈtratsio:n]
SÓLO PERSONAL AUTORIZADO	**AINULT PERSONALILE** [ainulˈt personalile]

CUIDADO CON EL PERRO	**KURI KOER!** [kuri koer!]
NO FUMAR	**SUITSETAMINE KEELATUD!** [suitsetamine ke:latud!]
NO TOCAR	**MITTE PUUDUTADA!** [mitte pu:dutada!]
PELIGROSO	**OHTLIK** [ohtlik]
PELIGRO	**OHT** [oht]
ALTA TENSIÓN	**KÕRGEPINGE** [kɜrgepinge]
PROHIBIDO BAÑARSE	**UJUMINE KEELATUD!** [ujumine ke:latud!]
FUERA DE SERVICIO	**EI TÖÖTA** [ej tø:ta]
INFLAMABLE	**TULEOHTLIK** [tuleohtlik]
PROHIBIDO	**KEELATUD** [ke:latut]
PROHIBIDO EL PASO	**LOATA SISENEMINE KEELATUD!** [loata sisenemine ke:latud!]
RECIÉN PINTADO	**VÄRSKE VÄRV** [ʋærske ʋærʋ]
CERRADO POR RENOVACIÓN	**REMONDI TÕTTU SULETUD** [remondi tɜttu suletut]
EN OBRAS	**EES ON TEETÖÖD** [e:s on te:tø:t]
DESVÍO	**ÜMBERSÕIT** [ʉmbersɜit]

Transporte. Frases generales

el avión	**lennuk** [lennuk]
el tren	**rong** [rong]
el bus	**buss** [bus]
el ferry	**parvlaev** [parʊlaeʊ]
el taxi	**takso** [takso]
el coche	**auto** [auto]

el horario	**sõiduplaan** [sɜidupla:n]
¿Dónde puedo ver el horario?	**Kus ma saaksin sõiduplaani näha?** [kus ma sa:ksin sɜidupla:ni næha?]
días laborables	**tööpäevad, argipäevad** [tø:pæeʊat, argipæeʊad]
fines de semana	**nädalalõpud** [nædalalɜput]
días festivos	**riigipühad** [ri:gipʉhat]

SALIDA	**väljalend** [ʊæljalent]
LLEGADA	**saabumine** [sa:bumine]
RETRASADO	**edasi lükatud** [edasi lʉkatut]
CANCELADO	**tühistatud** [tʉhisˈtatut]

siguiente (tren, etc.)	**järgmine (rong jms)** [jærgmine]
primero	**esimene** [esimene]
último	**viimane** [ʊi:mane]

¿Cuándo pasa el siguiente ...?	**Millal järgmine ... tuleb?** [milˈælʲ jærgmine ... tuleb?]
¿Cuándo pasa el primer ...?	**Millal esimene ... väljub?** [milˈælʲ esimene ... ʊæljub?]

¿Cuándo pasa el último …?	**Millal väljub viimane …?** [milʲælʲ ʋæljub ʋi:mane …?]
el trasbordo (cambio de trenes, etc.)	**ümberistumine** [ʉmberisʲtumine]
hacer un trasbordo	**ümber istuma** [ʉmber isʲtuma]
¿Tengo que hacer un trasbordo?	**Kas ma pean ümber istuma?** [kas ma pean ʉmber isʲtuma?]

Comprar billetes

¿Dónde puedo comprar un billete?
Kust ma saan pileteid osta?
[kusʲt ma sa:n piletejt osʲta?]

el billete
pilet
[pilet]

comprar un billete
piletit osta
[piletit osʲta]

precio del billete
piletihind
[piletihint]

¿Para dónde?
Kuhu?
[kuhu?]

¿A qué estación?
Millise jaamani?
[milʲise ja:mani?]

Necesito ...
Mul on ... vaja
[mulʲ on ... ʋaja]

un billete
ühe pileti
[ʉhe pileti]

dos billetes
kaks piletit
[kaks piletit]

tres billetes
kolm piletit
[kolʲm piletit]

sólo ida
üheotsa
[ʉheotsa]

ida y vuelta
edasi-tagasi
[edasi-tagasi]

en primera (primera clase)
esimene klass
[esimene klass]

en segunda (segunda clase)
teine klass
[tejne klas]

hoy
täna
[tæna]

mañana
homme
[homme]

pasado mañana
ülehomme
[ʉlehomme]

por la mañana
hommikul
[hommikulʲ]

por la tarde
pärastlõunal
[pærasʲtlɜunalʲ]

por la noche
õhtul
[ɜhtulʲ]

asiento de pasillo	**vahekäigupoolne koht** [vahekæjgupo:lne koht]
asiento de ventanilla	**aknaalune koht** [akna:lune koht]
¿Cuánto cuesta?	**Kui palju?** [kui palju?]
¿Puedo pagar con tarjeta?	**Kas ma saan tasuda maksekaardiga?** [kas ma sa:n tasuda makseka:rdiga?]

Autobús

el autobús	**buss** [bus]
el autobús interurbano	**linnadevaheline buss** [linnadeυaheline bus]
la parada de autobús	**bussipeatus** [bussipeatus]
¿Dónde está la parada de autobuses más cercana?	**Kus asub lähim bussipeatus?** [kus asub lʲæhim bussipeatus?]

número	**number (bussi vm)** [number]
¿Qué autobús tengo que tomar para ...?	**Milline buss sõidab ...?** [milʲine buss sɜidab ...?]
¿Este autobús va a a ...?	**Kas ma saan selle bussiga ...?** [kas ma sa:n selʲe bussiga ...?]
¿Cada cuanto pasa el autobús?	**Kui sageli bussid käivad?** [kui sageli bussit kæjυad?]

cada 15 minutos	**iga veerand tunni järel** [iga υe:rant tunni jærelʲ]
cada media hora	**iga poole tunni järel** [iga po:le tunni jærelʲ]
cada hora	**iga tunni järel** [iga tunni jærelʲ]
varias veces al día	**mitu korda päevas** [mitu korda pæeυas]
... veces al día	**... korda päevas** [... korda pæeυas]

el horario	**sõiduplaan** [sɜidupla:n]
¿Dónde puedo ver el horario?	**Kus ma saaksin sõiduplaani näha?** [kus ma sa:ksin sɜidupla:ni næha?]
¿Cuándo pasa el siguiente autobús?	**Millal järgmine buss tuleb?** [milʲælʲ jærgmine bus tuleb?]
¿Cuándo pasa el primer autobús?	**Millal esimene buss väljub?** [milʲælʲ esimene buss υæljub?]
¿Cuándo pasa el último autobús?	**Millal viimane buss väljub?** [milʲælʲ υi:mane bus υæljub?]

la parada	**peatus** [peatus]
la siguiente parada	**järgmine peatus** [jærgmine peatus]

la última parada

viimane peatus, lõpp-peatus
[ʋiːmane peatus, lɜpp-peatus]

Pare aquí, por favor.

Palun pidage siin kinni.
[palun pidage siːn kinni]

Perdone, esta es mi parada.

Vabandage, minu peatus on siin.
[ʋabandage, minu peatus on siːn]

Tren

el tren	**rong** [rong]
el tren de cercanías	**linnalähirong** [linnalʲæhirong]
el tren de larga distancia	**rong** [rong]
la estación de tren	**raudteejaam** [raudte:ja:m]
Perdone, ¿dónde está la salida al anden?	**Vabandage, kust pääseb perroonile?** [ʋabandage, kusʲt pæ:seb perro:nile?]

¿Este tren va a ...?	**Kas see rong sõidab ...?** [kas se: rong sɜidab ...?]
el siguiente tren	**järgmine rong** [jærgmine rong]
¿Cuándo pasa el siguiente tren?	**Millal järgmine rong tuleb?** [milʲælʲ jærgmine rong tuleb?]
¿Dónde puedo ver el horario?	**Kus ma saaksin sõiduplaani näha?** [kus ma sa:ksin sɜidupla:ni næha?]
¿De qué andén?	**Milliselt perroonilt?** [milʲiselʲt perro:nilʲt?]
¿Cuándo llega el tren a ...?	**Millal see rong jõuab ...?** [milʲælʲ se: rong jɜuab ...?]

Ayudeme, por favor.	**Palun aidake mind.** [palun aidake mind]
Busco mi asiento.	**Ma otsin oma kohta.** [ma otsin oma kohta]
Buscamos nuestros asientos.	**Me otsime oma kohti.** [me otsime oma kohti]
Mi asiento está ocupado.	**Minu koht on hõivatud.** [minu koht on hɜiʋatud]
Nuestros asientos están ocupados.	**Meie kohad on hõivatud.** [meje kohat on hɜiʋatud]

Perdone, pero ese es mi asiento.	**Vabandage, see on minu koht.** [ʋabandage, se: on minu koht]
¿Está libre?	**Kas see koht on vaba?** [kas se: koht on ʋaba?]
¿Puedo sentarme aquí?	**Kas ma tohin siia istuda?** [kas ma tohin si:a isʲtuda?]

En el tren. Diálogo (Sin billete)

Su billete, por favor.

Palun esitage oma pilet.
[palun esitage oma pilet]

No tengo billete.

Mul ei ole piletit.
[mulʲ ej ole piletit]

He perdido mi billete.

Ma olen oma pileti ära kaotanud.
[ma olen oma pileti æra kaotanud]

He olvidado mi billete en casa.

Unustasin pileti koju.
[unusʲtasin pileti koju]

Le puedo vender un billete.

Te saate osta pileti minu käest.
[te sa:te osʲta pileti minu kæəsʲt]

También deberá pagar una multa.

Te peate maksma ka trahvi.
[te peate maksma ka trahʋi]

Vale.

Hea küll.
[hea kʉlʲ]

¿A dónde va usted?

Kuhu te sõidate?
[kuhu te sɜidate?]

Voy a ...

Ma sõidan ...
[ma sɜidan ...]

¿Cuánto es? No lo entiendo.

Kui palju? Ma ei saa aru.
[kui palju? ma ej sa: aru]

Escríbalo, por favor.

Palun kirjutage see üles.
[palun kirjutage se: ʉles]

Vale. ¿Puedo pagar con tarjeta?

Hea küll. Kas ma saan tasuda maksekaardiga?
[hea kʉlʲ kas ma sa:n tasuda makseka:rdiga?]

Sí, puede.

Jah, saate.
[jah, sa:te]

Aquí está su recibo.

Siin on teie kviitung.
[si:n on teje kʋi:tung]

Disculpe por la multa.

Kahju, et pidite trahvi maksma.
[kahju, et pidite trahʋi maksma]

No pasa nada. Fue culpa mía.

Pole hullu. Oma viga.
[pole hulʲu oma ʋiga]

Disfrute su viaje.

Head reisi.
[heat rejsi]

Taxi

taxi	**takso** [takso]
taxista	**taksojuht** [taksojuht]
coger un taxi	**taksot püüdma** [taksot pʉːdma]
parada de taxis	**taksopeatus** [taksopeatus]
¿Dónde puedo coger un taxi?	**Kust ma saan takso võtta?** [kusⁱt ma saːn takso ʋɜtta?]
llamar a un taxi	**kutsuge takso välja** [kutsuge takso ʋælja]
Necesito un taxi.	**Ma soovin taksot.** [ma soːʋin taksot]
Ahora mismo.	**Kohe praegu.** [kohe praegu]
¿Cuál es su dirección?	**Öelge oma aadress?** [øelⁱge oma aːdress?]
Mi dirección es ...	**Minu aadress on ...** [minu aːdres on ...]
¿Cuál es el destino?	**Kuhu te soovite sõita?** [kuhu te soːʋite sɜita?]

Perdone, ...	**Vabandage, ...** [ʋabandage, ...]
¿Está libre?	**Kas te olete vaba?** [kas te olete ʋaba?]
¿Cuánto cuesta ir a ...?	**Kui palju läheb maksma sõit ...?** [kui palju lⁱæheb maksma sɜit ...?]
¿Sabe usted dónde está?	**Kas te teate, kus see asub?** [kas te teate, kus seː asub?]

Al aeropuerto, por favor.	**Palun viige mind lennujaama.** [palun ʋiːge mint lennujaːma]
Pare aquí, por favor.	**Palun peatuge siin.** [palun peatuge siːn]
No es aquí.	**See ei ole siin.** [seː ej ole siːn]
La dirección no es correcta.	**See on vale aadress.** [seː on ʋale aːdress]
Gire a la izquierda.	**Keerake vasakule.** [keːrake ʋasakule]
Gire a la derecha.	**Keerake paremale.** [keːrake paremale]

¿Cuánto le debo?

Palju ma teile võlgnen?
[palju ma tejle vɔlʲgnen?]

¿Me da un recibo, por favor?

Palun andke mulle kviitung.
[palun andke mulʲe kʋiːtung]

Quédese con el cambio.

Tagasi pole vaja.
[tagasi pole ʋaja]

Espéreme, por favor.

Palun, kas te ootaksite mind?
[palun, kas te oːtaksite mind?]

cinco minutos

viis minutit
[ʋiːs minutit]

diez minutos

kümme minutit
[kʉmme minutit]

quince minutos

viisteist minutit
[ʋiːsʲtejsʲt minutit]

veinte minutos

kakskümmend minutit
[kakskʉmment minutit]

media hora

pool tundi
[poːlʲ tundi]

Hotel

Hola.	**Tere.** [tere]
Me llamo ...	**Minu nimi on ...** [minu nimi on ...]
Tengo una reserva.	**Mul on koht kinni pandud.** [mulʲ on koht kinni pandud]
Necesito ...	**Mul on ... vaja** [mulʲ on ... ʋaja]
una habitación individual	**tuba ühele** [tuba ʉhele]
una habitación doble	**tuba kahele** [tuba kahele]
¿Cuánto cuesta?	**Palju see maksab?** [palʲju se: maksab?]
Es un poco caro.	**See on kallivõitu.** [se: on kalʲiʋɜitu]
¿Tiene alguna más?	**Kas teil on midagi muud pakkuda?** [kas tejlʲ on midagi mu:t pakkuda?]
Me quedo.	**Ma võtan selle.** [ma ʋɜtan selʲe]
Pagaré en efectivo.	**Ma maksan sularahas.** [ma maksan sularahas]
Tengo un problema.	**Ma vajan teie abi.** [ma ʋajan teje abi]
Mi ... no funciona.	**Minu ... on katki.** [minu ... on katki]
Mi ... está fuera de servicio.	**Minu ... on rikkis.** [minu ... on rikkis]
televisión	**televiisor** [teleʋi:sor]
aire acondicionado	**kliimaseade** [kli:maseade]
grifo	**kraan** [kra:n]
ducha	**dušš** [duʃ]
lavabo	**kraanikauss** [kra:nikaus]
caja fuerte	**seif** [sejf]

cerradura	**ukselukk** [ukselukk]
enchufe	**pistikupesa** [pisˡtikupesa]
secador de pelo	**föön** [føːn]

No tengo ...	**Minu numbris ei ole ...** [minu numbris ej ole ...]
agua	**vett** [ʋett]
luz	**valgust** [ʋalˡgusˡt]
electricidad	**elektrit** [elektrit]

¿Me puede dar ...?	**Palun, kas te tooksite mulle ...?** [palun, kas te toːksite mulˡe ...?]
una toalla	**käterätiku** [kæterætiku]
una sábana	**teki** [teki]
unas chanclas	**tuhvlid** [tuhʋlit]
un albornoz	**hommikumantli** [hommikumantli]
un champú	**šampooni** [ʃampoːni]
jabón	**seepi** [seːpi]

Quisiera cambiar de habitación.	**Sooviksin tuba vahetada.** [soːʋiksin tuba ʋahetada]
No puedo encontrar mi llave.	**Ma ei leia oma võtit.** [ma ej leja oma ʋɤtit]
Por favor abra mi habitación.	**Palun tehke mu tuba lahti?** [palun tehke mu tuba lahti?]
¿Quién es?	**Kes seal on?** [kes sealˡ on?]
¡Entre!	**Tulge sisse!** [tulˡge sisse!]
¡Un momento!	**Palun oodake, kohe tulen!** [palun oːdake, kohe tulen!]
Ahora no, por favor.	**Palun, mitte praegu.** [palun, mitte praegu]

Venga a mi habitación, por favor.	**Palun tulge minu tuppa.** [palun tulˡge minu tuppa]
Quisiera hacer un pedido.	**Sooviv tellida sööki numbrisse.** [soːʋiʋ telˡida søːki numbrisse]
Mi número de habitación es ...	**Minu toanumber on ...** [minu toanumber on ...]

Me voy ...	**Ma lahkun ...** [ma lahkun ...]
Nos vamos ...	**Me lahkume ...** [me lahkume ...]
Ahora mismo	**kohe praegu** [kohe praegu]
esta tarde	**täna pärastlõunal** [tæna pæras¡tlɜunalʲ]
esta noche	**täna õhtul** [tæna ɜhtulʲ]
mañana	**homme** [homme]
mañana por la mañana	**homme hommikul** [homme hommikulʲ]
mañana por la noche	**homme õhtul** [homme ɜhtulʲ]
pasado mañana	**ülehomme** [ʉlehomme]

Quisiera pagar la cuenta.	**Soovin maksta.** [so:ʋin maks¡ta]
Todo ha estado estupendo.	**Kõik oli suurepärane.** [kɜik oli su:repærane]
¿Dónde puedo coger un taxi?	**Kust ma saan takso võtta?** [kus¡t ma sa:n takso ʋɜtta?]
¿Puede llamarme un taxi, por favor?	**Palun kutsuge mulle takso?** [palun kutsuge mulʲe takso?]

Restaurante

¿Puedo ver el menú, por favor?

Palun tooge mulle menüü?
[palun to:ge mulʲe menʉ:?]

Mesa para uno.

Laud ühele.
[laut ʉhele]

Somos dos (tres, cuatro).

**Me oleme kahekesi
(kolmekesi, neljakesi).**
[me oleme kahekesi
(kolʲmekesi, neljakesi)]

Para fumadores

Suitsetajatele
[suitsetajatele]

Para no fumadores

Mittesuitsetajatele
[mittesuitsetajatele]

¡Por favor! (llamar al camarero)

Vabandage!
[ʋabandage!]

la carta

menüü
[menʉ:]

la carta de vinos

veinikaart
[ʋejnika:rt]

La carta, por favor.

Palun menüü.
[palun menʉ:]

¿Está listo para pedir?

Kas olete valmis tellima?
[kas olete ʋalʲmis telʲima?]

¿Qué quieren pedir?

Mida te tellite?
[mida te telʲite?]

Yo quiero …

Tooge palun …
[to:ge palun …]

Soy vegetariano.

Ma olen taimetoitlane.
[ma olen taimetojtlane]

carne

liha
[liha]

pescado

kala
[kala]

verduras

köögivili
[kø:giʋili]

¿Tiene platos para vegetarianos?

**Kas teil on taimetoitlastele
mõeldud roogi?**
[kas tejlʲ on taimetojtlasʲtele
mɜelʲdut ro:gi?]

No como cerdo.

Ma ei söö sealiha.
[ma ej sø: sealiha]

Él /Ella/ no come carne.

Tema ei söö liha.
[tema ej sø: liha]

Soy alérgico a ...

Mul on allergia ... vastu.
[mulʲ on alʲergia ... ʋasʲtu]

¿Me puede traer ..., por favor?

Palun tooge mulle ...
[palun to:ge mulʲe ...]

sal | pimienta | azúcar

soola | pipart | suhkrut
[so:la | pipart | suhkrut]

café | té | postre

kohvi | teed | magustoit
[kohʋi | te:t | magusʲtojt]

agua | con gas | sin gas

vett | mullivett | puhast vett
[ʋett | mulʲiʋett | puhasʲt ʋett]

una cuchara | un tenedor | un cuchillo

lusikas | kahvel | nuga
[lusikas | kahʋelʲ | nuga]

un plato | una servilleta

taldrik | salvrätik
[talʲdrik | salʲʋrætik]

¡Buen provecho!

Head isu!
[heat isu!]

Uno más, por favor.

Palun veel üks.
[palun ʋe:lʲ ʉks]

Estaba delicioso.

Oli väga maitsev.
[oli ʋæga maitseʋ]

la cuenta | el cambio | la propina

arve | raha tagasi | jootraha
[arʋe | raha tagasi | jo:traha]

La cuenta, por favor.

Arve, palun.
[arʋe, palun]

¿Puedo pagar con tarjeta?

Kas ma saan tasuda maksekaardiga?
[kas ma sa:n tasuda makseka:rdiga?]

Perdone, aquí hay un error.

Vabandage, aga siin on midagi valesti.
[ʋabandage, aga si:n on midagi ʋalesʲti]

De Compras

¿Puedo ayudarle?	**Kuidas saan teid aidata?** [kuidas sa:n tejt aidata?]
¿Tiene …?	**Kas teil on …?** [kas tejlʲ on …?]
Busco …	**Ma otsin …** [ma otsin …]
Necesito …	**Mul on … vaja** [mulʲ on … ʋaja]

Sólo estoy mirando.	**Ma ainult vaatan.** [ma ainulʲt ʋa:tan]
Sólo estamos mirando.	**Me ainult vaatame.** [me ainulʲt ʋa:tame]
Volveré más tarde.	**Ma tulen hiljem tagasi.** [ma tulen hiljem tagasi]
Volveremos más tarde.	**Me tuleme hiljem tagasi.** [me tuleme hiljem tagasi]
descuentos | oferta	**allahindlus | odav väljamüük** [alʲæhintlus | odaʋ ʋæljamɯ:k]

Por favor, enséñeme …	**Palun näidake mulle …** [palun næjdake mulʲe …]
¿Me puede dar …, por favor?	**Palun andke mulle …** [palun andke mulʲe …]
¿Puedo probarmelo?	**Kas ma saaksin seda proovida?** [kas ma sa:ksin seda pro:ʋida?]
Perdone, ¿dónde están los probadores?	**Vabandage, kus proovikabiin on?** [ʋabandage, kus pro:ʋikabi:n on?]
¿Qué color le gustaría?	**Millist värvi te soovite?** [milʲisʲt ʋærʋi te so:ʋite?]
la talla | el largo	**suurus | pikkus** [su:rus | pikkus]
¿Cómo le queda? (¿Está bien?)	**Kas see sobib teile?** [kas se: sobib tejle?]

¿Cuánto cuesta esto?	**Kui palju see maksab?** [kui palju se: maksab?]
Es muy caro.	**See on liiga kallis.** [se: on li:ga kalʲis]
Me lo llevo.	**Ma võtan selle.** [ma ʋɔtan selʲe]
Perdone, ¿dónde está la caja?	**Vabandage, kus ma tasuda saan?** [ʋabandage, kus ma tasuda sa:n?]

¿Pagará en efectivo o con tarjeta?

Kas maksate sularahas või maksekaardiga?
[kas maksate sularahas ʋɜi makseka:rdiga?]

en efectivo | con tarjeta

sularahas | maksekaardiga
[sularahas | makseka:rdiga]

¿Quiere el recibo?

Kas te kviitungit soovite?
[kas te kʋi:tungit so:ʋite?]

Sí, por favor.

Jah, palun.
[jah, palun]

No, gracias.

Ei, pole vaja.
[ej, pole ʋaja]

Gracias. ¡Que tenga un buen día!

Tänan teid. Kena päeva teile!
[tænan tejd. kena pæɵʋa tejle!]

En la ciudad

Perdone, por favor.	**Vabandage, palun.** [ʋabandage, palun]
Busco ...	**Ma otsin ...** [ma otsin ...]
el metro	**metroojaama** [metro:ja:ma]
mi hotel	**oma hotelli** [oma hotelʲi]
el cine	**kino** [kino]
una parada de taxis	**taksopeatust** [taksopeatusʲt]
un cajero automático	**pangaautomaati** [panga:utoma:ti]
una oficina de cambio	**valuutavahetuspunkti** [ʋalu:taʋahetuspunkti]
un cibercafé	**internetikohvikut** [internetikohʋikut]
la calle ...	**... tänavat** [... tænaʋat]
este lugar	**seda kohta siin** [seda kohta si:n]
¿Sabe usted dónde está ...?	**Kas te teate, kus asub...?** [kas te teate, kus asub...?]
¿Cómo se llama esta calle?	**Mis selle tänava nimi on?** [mis selʲe tænaʋa nimi on?]
Muestreme dónde estamos ahora.	**Näidake mulle, kus me praegu oleme.** [næjdake mulʲe, kus me praegu oleme]
¿Puedo llegar a pie?	**Kas ma saan sinna jalgsi minna?** [kas ma sa:n sinna jalʲgsi minna?]
¿Tiene un mapa de la ciudad?	**Kas teil on linna kaarti?** [kas tejlʲ on linna ka:rti?]
¿Cuánto cuesta la entrada?	**Kui kallis pilet on?** [kui kalʲis pilet on?]
¿Se pueden hacer fotos aquí?	**Kas siin tohib pildistada?** [kas si:n tohib pilʲdisʲtada?]
¿Está abierto?	**Kas te olete avatud?** [kas te olete aʋatud?]

¿A qué hora abren?

Millal te avate?
[milʲælʲ te aʋate?]

¿A qué hora cierran?

Millal te sulgete?
[milʲælʲ te sulʲgete?]

Dinero

dinero	**raha** [raha]
efectivo	**sularaha** [sularaha]
billetes	**paberraha** [paberraha]
monedas	**peenraha** [peːnraha]
la cuenta | el cambio | la propina	**arve | raha tagasi | jootraha** [arʋe | raha tagasi | joːtraha]
la tarjeta de crédito	**maksekaart, krediitkaart** [maksekaːrt, krediːtkaːrt]
la cartera	**rahakott** [rahakott]
comprar	**osta** [osʲta]
pagar	**maksta** [maksʲta]
la multa	**trahv** [trahʊ]
gratis	**tasuta** [tasuta]
¿Dónde puedo comprar ...?	**Kust ma saan ... osta?** [kusʲt ma saːn ... osʲta?]
¿Está el banco abierto ahora?	**Kas pank on praegu lahti?** [kas pank on praegu lahti?]
¿A qué hora abre?	**Millal see avatakse?** [milʲælʲ seː aʋatakse?]
¿A qué hora cierra?	**Millal see suletakse?** [milʲælʲ seː suletakse?]
¿Cuánto cuesta?	**Kui palju?** [kui palju?]
¿Cuánto cuesta esto?	**Kui palju see maksab?** [kui palju seː maksab?]
Es muy caro.	**See on liiga kallis.** [seː on liːga kalʲis]
Perdone, ¿dónde está la caja?	**Vabandage, kus ma saan maksta?** [ʋabandage, kus ma saːn maksʲta?]
La cuenta, por favor.	**Arve, palun.** [arʋe, palun]

¿Puedo pagar con tarjeta?	**Kas ma saan tasuda maksekaardiga?** [kas ma sa:n tasuda makseka:rdiga?]
¿Hay un cajero por aquí?	**Kas siin läheduses on pangautomaat?** [kas si:n l'æheduses on pangautoma:t?]
Busco un cajero automático.	**Ma otsin pangautomaati.** [ma otsin pangautoma:ti]
Busco una oficina de cambio.	**Ma otsin valuutavahetuspunkti.** [ma otsin valu:tavahetuspunkti]
Quisiera cambiar ...	**Sooviksin vahetada ...** [so:viksin vahetada ...]
¿Cuál es el tipo de cambio?	**Milline on vahetuskurss?** [mil'line on vahetuskurss?]
¿Necesita mi pasaporte?	**Kas vajate mu passi?** [kas vajate mu passi?]

Tiempo

¿Qué hora es?	**Mis kell on?** [mis kelʲ on?]
¿Cuándo?	**Millal?** [milʲæl?]
¿A qué hora?	**Mis ajal?** [mis ajal?]
ahora | luego | después de …	**praegu | hiljem | pärast …** [praegu | hiljem | pærasʲt …]

la una	**kell üks päeval** [kelʲ ɐks pæəʋalʲ]
la una y cuarto	**kell veerand kaks** [kelʲ ʋe:rant kaks]
la una y medio	**kell pool kaks** [kelʲ po:lʲ kaks]
las dos menos cuarto	**kell kolmveerand kaks** [kelʲ kolʲmʋe:rant kaks]

una | dos | tres	**üks | kaks | kolm** [ɐks | kaks | kolʲm]
cuatro | cinco | seis	**neli | viis | kuus** [neli | ʋi:s | ku:s]
siete | ocho | nueve	**seitse | kaheksa | üheksa** [sejtse | kaheksa | ɐheksa]
diez | once | doce	**kümme | üksteist | kaksteist** [kɐmme | ɐksʲtejsʲt | kaksʲtejsʲt]

en …	**… pärast** [… pærasʲt]
cinco minutos	**viie minuti** [ʋi:e minuti]
diez minutos	**kümne minuti** [kɐmne minuti]
quince minutos	**viieteistkümne minuti** [ʋi:etejsʲtkɐmne minuti]
veinte minutos	**kahekümne minuti** [kahekɐmne minuti]

media hora	**poole tunni** [po:le tunni]
una hora	**tunni** [tunni]
por la mañana	**hommikul** [hommikulʲ]

por la mañana temprano	**varahommikul** [ʋarahommikulʲ]
esta mañana	**täna hommikul** [tæna hommikulʲ]
mañana por la mañana	**homme hommikul** [homme hommikulʲ]

al mediodía	**keskpäeval** [keskpæəʋalʲ]
por la tarde	**pärast lõunat** [pærasʲt lɜunat]
por la noche	**õhtul** [ɜhtulʲ]
esta noche	**täna õhtul** [tæna ɜhtulʲ]

por la noche	**öösel** [øːselʲ]
ayer	**eile** [ejle]
hoy	**täna** [tæna]
mañana	**homme** [homme]
pasado mañana	**ülehomme** [ʉlehomme]

¿Qué día es hoy?	**Mis päev täna on?** [mis pæəʋ tæna on?]
Es ...	**Täna on ...** [tæna on ...]
lunes	**esmaspäev** [esmaspæəʋ]
martes	**teisipäev** [tejsipæəʋ]
miércoles	**kolmapäev** [kolʲmapæəʋ]

jueves	**neljapäev** [neljapæəʋ]
viernes	**reede** [reːde]
sábado	**laupäev** [laupæəʋ]
domingo	**pühapäev** [pʉhapæəʋ]

Saludos. Presentaciones.

Hola.

Tere.
[tere]

Encantado /Encantada/ de conocerle.

Meeldiv kohtuda.
[meːlʲdiʋ kohtuda]

Yo también.

Minul samuti.
[minulʲ samuti]

Le presento a …

Saage tuttavaks, tema on …
[saːge tuttaʋaks, tema on …]

Encantado.

Tore teiega kohtuda.
[tore tejega kohtuda]

¿Cómo está?

Kuidas käsi käib?
[kuidas kæsi kæjb?]

Me llamo …

Minu nimi on …
[minu nimi on …]

Se llama …

Tema nimi on …
[tema nimi on …]

Se llama …

Tema nimi on …
[tema nimi on …]

¿Cómo se llama (usted)?

Mis teie nimi on?
[mis teje nimi on?]

¿Cómo se llama (él)?

Mis tema nimi on?
[mis tema nimi on?]

¿Cómo se llama (ella)?

Mis tema nimi on?
[mis tema nimi on?]

¿Cuál es su apellido?

Mis teie perekonnanimi on?
[mis teje perekonnanimi on?]

Puede llamarme …

Te võite mind kutsuda …
[te ʋɜite mint kutsuda …]

¿De dónde es usted?

Kust te pärit olete?
[kusʲt te pærit olete?]

Yo soy de ….

Ma elan …
[ma elan …]

¿A qué se dedica?

Kellena te töötate?
[kelʲena te tøːtate?]

¿Quién es?

Kes see on?
[kes seː on?]

¿Quién es él?

Kes tema on?
[kes tema on?]

¿Quién es ella?

Kes tema on?
[kes tema on?]

¿Quiénes son?

Kes nemad on?
[kes nemat on?]

Este es …	**Tema on …**
	[tema on …]
mi amigo	**minu sõber**
	[minu sɜber]
mi amiga	**minu sõbranna**
	[minu sɜbranna]
mi marido	**minu mees**
	[minu meːs]
mi mujer	**minu naine**
	[minu naine]
mi padre	**minu isa**
	[minu isa]
mi madre	**minu ema**
	[minu ema]
mi hermano	**minu vend**
	[minu ʋent]
mi hermana	**minu õde**
	[minu ɜde]
mi hijo	**minu poeg**
	[minu poeg]
mi hija	**minu tütar**
	[minu tʉtar]
Este es nuestro hijo.	**Tema on meie poeg.**
	[tema on meje poeg]
Esta es nuestra hija.	**Tema on meie tütar.**
	[tema on meje tʉtar]
Estos son mis hijos.	**Nemad on minu lapsed.**
	[nemat on minu lapsed]
Estos son nuestros hijos.	**Nemad on meie lapsed.**
	[nemat on meje lapsed]

Despedidas

¡Adiós!

Hüvasti!
[huʋasʲti!]

¡Chau!

Tšao! Pakaa!
[tʃao! paka:!]

Hasta mañana.

Homseni.
[homseni]

Hasta pronto.

Kohtumiseni.
[kohtumiseni]

Te veo a las siete.

Seitsme ajal näeme.
[sejtsme ajalʲ næəme]

¡Que se diviertan!

Veetke lõbusasti aega!
[ʋe:tke lɔbusasʲti aega!]

Hablamos más tarde.

Hiljem räägime.
[hiljem ræ:gime]

Que tengas un buen fin de semana.

Meeldivat nädalavahetust teile.
[me:lʲdiʋat nædalaʋahetusʲt tejle]

Buenas noches.

Head ööd.
[heat ø:d]

Es hora de irme.

Ma pean lahkuma.
[ma pean lahkuma]

Tengo que irme.

Ma pean lahkuma.
[ma pean lahkuma]

Ahora vuelvo.

Tulen kohe tagasi.
[tulen kohe tagasi]

Es tarde.

Aeg on juba hiline.
[aeg on juba hiline]

Tengo que levantarme temprano.

Pean hommikul vara tõusma.
[pean hommikulʲ ʋara tɜusma]

Me voy mañana.

Ma lahkun homme.
[ma lahkun homme]

Nos vamos mañana.

Me lahkume homme.
[me lahkume homme]

¡Que tenga un buen viaje!

Head reisi teile!
[heat rejsi tejle!]

Ha sido un placer.

Oli meeldiv teiega kohtuda.
[oli me:lʲdiʋ tejega kohtuda]

Fue un placer hablar con usted.

Oli meeldiv teiega suhelda.
[oli me:lʲdiʋ tejega suhelʲda]

Gracias por todo.

Tänan kõige eest.
[tænan kɜige e:sʲt]

Lo he pasado muy bien.	**Veetsin teiega meeldivalt aega.** [ʋeːtsin tejega meːlʲdiʋalʲt aega]
Lo pasamos muy bien.	**Viitsime meeldivalt aega.** [ʋiːtsime meːlʲdiʋalʲt aega]
Fue genial.	**Kõik oli suurepärane.** [kɜik oli suːrepærane]
Le voy a echar de menos.	**Ma hakkan teist puudust tundma.** [ma hakkan tejsʲt puːdusʲt tundma]
Le vamos a echar de menos.	**Me hakkame teist puudust tundma.** [me hakkame tejsʲt puːdusʲt tundma]

¡Suerte!	**Õnn kaasa!** [ɜnn kaːsa!]
Saludos a …	**Tervitage …** [terʋitage …]

Idioma extranjero

No entiendo.	**Ma ei saa aru.** [ma ej sa: aru]
Escríbalo, por favor.	**Palun kirjutage see üles.** [palun kirjutage se: ʉles]
¿Habla usted ...?	**Kas te räägite ...?** [kas te ræ:gite ...?]

Hablo un poco de ...	**Ma räägin natukene ... keelt** [ma ræ:gin natukene ... ke:lʲt]
inglés	**inglise** [inglise]
turco	**türgi** [tʉrgi]
árabe	**araabia** [ara:bia]
francés	**prantsuse** [prantsuse]

alemán	**saksa** [saksa]
italiano	**itaalia** [ita:lia]
español	**hispaania** [hispa:nia]
portugués	**portugali** [portugali]
chino	**hiina** [hi:na]
japonés	**jaapani** [ja:pani]

¿Puede repetirlo, por favor?	**Palun korrake seda.** [palun korrake seda]
Lo entiendo.	**Ma saan aru.** [ma sa:n aru]
No entiendo.	**Ma ei saa aru.** [ma ej sa: aru]
Hable más despacio, por favor.	**Palun rääkige aeglasemalt.** [palun ræ:kige aeglasemalʲt]

¿Está bien?	**Kas nii on õige?** [kas ni: on ɜige?]
¿Qué es esto? (¿Que significa esto?)	**Mis see on?** [mis se: on?]

Disculpas

Perdone, por favor.	**Palun vabandust.** [palun vabandusʲt]
Lo siento.	**Vabandage.** [vabandage]
Lo siento mucho.	**Mul on tõesti kahju.** [mulʲ on tʒesʲti kahju]
Perdón, fue culpa mía.	**Andestust, minu süü.** [andesʲtusʲt, minu sʉ:]
Culpa mía.	**Minu viga.** [minu viga]
¿Puedo ...?	**Kas ma tohin ...?** [kas ma tohin ...?]
¿Le molesta si ...?	**Ega teil midagi selle vastu ole, kui ma ...?** [ega tejlʲ midagi selʲe vasʲtu ole, kui ma ...?]
¡No hay problema! (No pasa nada.)	**Kõik on korras.** [kʒik on korras]
Todo está bien.	**Kõik on korras.** [kʒik on korras]
No se preocupe.	**Ärge muretsege.** [ærge muretsege]

Acuerdos

Sí.	**Jah.** [jah]
Sí, claro.	**Jah, muidugi.** [jah, muidugi]
Bien.	**Nõus! Hästi!** [nɜus! hæsⁱti!]
Muy bien.	**Väga hästi.** [ʋæga hæsⁱti]
¡Claro que sí!	**Kindlasti!** [kintlasⁱti!]
Estoy de acuerdo.	**Ma olen nõus.** [ma olen nɜus]

Es verdad.	**Õige.** [ɜige]
Es correcto.	**Õigus.** [ɜigus]
Tiene razón.	**Teil on õigus.** [tejlⁱ on ɜigus]
No me molesta.	**Mina pole vastu.** [mina pole ʋasⁱtu]
Es completamente cierto.	**Täiesti õigus.** [tæjesⁱti ɜigus]

Es posible.	**See on võimalik.** [se: on ʋɜimalik]
Es una buena idea.	**Hea mõte.** [hea mɜte]
No puedo decir que no.	**Ma ei saa keelduda.** [ma ej sa: ke:lⁱduda]
Estaré encantado /encantada/.	**Mul oleks hea meel.** [mulⁱ oleks hea me:l]
Será un placer.	**Hea meelega.** [hea me:lega]

Rechazo. Expresar duda

No.

Ei.
[ej]

Claro que no.

Kindlasti mitte.
[kintlas'ti mitte]

No estoy de acuerdo.

Ma ei ole nõus.
[ma ej ole nʒus]

No lo creo.

Mina nii ei arva.
[mina ni: ej arʋa]

No es verdad.

See ei ole tõsi.
[se: ej ole tʒsi]

No tiene razón.

Te eksite.
[te eksite]

Creo que no tiene razón.

Arva, et teil pole õigus.
[arʋa, et tejlʲ pole ʒigus]

No estoy seguro /segura/.

Ma ei ole kindel.
[ma ej ole kindel]

No es posible.

See ei ole võimalik.
[se: ej ole ʋʒimalik]

¡Nada de eso!

Mitte midagi taolist!
[mitte midagi taolis'tʲ]

Justo lo contrario.

Otse vastupidi.
[otse ʋas'tupidi]

Estoy en contra de ello.

Mina olen selle vastu.
[mina olen selʲe ʋas'tu]

No me importa. (Me da igual.)

Mul ükskõik.
[mulʲ ükskʒik]

No tengo ni idea.

Mul pole aimugi.
[mulʲ pole aimugi]

Dudo que sea así.

Kahtlen selles.
[kahtlen selʲes]

Lo siento, no puedo.

Kahjuks ma ei saa.
[kahjuks ma ej sa:]

Lo siento, no quiero.

Vabandage, ma ei soovi.
[ʋabandage, ma ej so:ʋi]

Gracias, pero no lo necesito.

Tänan, aga ma ei taha seda.
[tænan, aga ma ej taha seda]

Ya es tarde.

Aeg on hiline.
[aeg on hiline]

Tengo que levantarme temprano.　　**Pean hommikul vara tõusma.**
[pean hommikul͏ʲ ʋara tɜusma]

Me encuentro mal.　　**Mul on halb olla.**
[mul͏ʲ on hal͏ʲb ol͏ʲæ]

Expresar gratitud

Gracias.
Aitäh.
[aitæh]

Muchas gracias.
Suur tänu teile.
[suːr tænu tejle]

De verdad lo aprecio.
Olen teile selle eest tõesti tänulik.
[olen tejle selle eːsit tɜesiti tænulik]

Se lo agradezco.
Ma olen teile tõesti väga tänulik.
[ma olen tejle tɜesiti ʋæga tænulik]

Se lo agradecemos.
Me oleme teile tõesti väga tänulikud.
[me oleme tejle tɜesiti ʋæga tænulikud]

Gracias por su tiempo.
Tänan, et leidsite minu jaoks aega.
[tænan, et lejdsite minu jaoks aega]

Gracias por todo.
Tänan kõige eest.
[tænan kɜige eːsit]

Gracias por ...
Tänan teid ...
[tænan tejt ...]

su ayuda
abi eest
[abi eːsit]

tan agradable momento
meeldiva aja eest
[meːlidiʋa aja eːsit]

una comida estupenda
suurepärase eine eest
[suːrepærase ejne eːsit]

una velada tan agradable
meeldiva õhtu eest
[meːlidiʋa ɜhtu eːsit]

un día maravilloso
suurepärase päeva eest
[suːrepærase pæeʋa eːsit]

un viaje increíble
hämmastava reisi eest
[hæmmasitaʋa rejsi eːsit]

No hay de qué.
Pole tänu väärt.
[pole tænu ʋæːrt]

De nada.
Pole tänu väärt.
[pole tænu ʋæːrt]

Siempre a su disposición.
Igal ajal.
[igali ajal]

Encantado /Encantada/ de ayudarle.
Mul oli hea meel aidata.
[muli oli hea meːli aidata]

No hay de qué.
Unustage see. Kõik on korras.
[unusitage seː. kɜik on korras]

No tiene importancia.
Ärge muretsege.
[ærge muretsege]

Felicitaciones , Mejores Deseos

¡Felicidades! **Õnnitleme!**
[ɜnnitleme!]

¡Feliz Cumpleaños! **Palju õnne sünnipäevaks!**
[palju ɜnne sʉnnipæɵʋaks!]

¡Feliz Navidad! **Häid jõule!**
[hæjt jɜule!]

¡Feliz Año Nuevo! **Head uut aastat!**
[heat uːt aːsʲtat!]

¡Felices Pascuas! **Head ülestõusmispüha!**
[heat ʉlesʲtɜusmispʉha!]

¡Feliz Hanukkah! **Head Hannukad!**
[heat hannukad!]

Quiero brindar. **Lubage mul öelda toost.**
[lubage mulʲ øelʲda toːsʲt]

¡Salud! **Proosit!**
[proːsit!]

¡Brindemos por ...! **Võtame ...!**
[ʋɜtame ...!]

¡A nuestro éxito! **Meie edu terviseks!**
[meje edu terʋiseks!]

¡A su éxito! **Teie edu terviseks!**
[teje edu terʋiseks!]

¡Suerte! **Õnn kaasa!**
[ɜnn kaːsa!]

¡Que tenga un buen día! **Ilusat päeva teile!**
[ilusat pæɵʋa tejle!]

¡Que tenga unas buenas vacaciones! **Puhake kenasti!**
[puhake kenasʲti!]

¡Que tenga un buen viaje! **Head reisi teile!**
[heat rejsi tejle!]

¡Espero que se recupere pronto! **Head paranemist!**
[heat paranemisʲt!]

Socializarse

¿Por qué está triste?	**Miks te kurb olete?** [miks te kurb olete?]
¡Sonría! ¡Animese!	**Naeratage! Pea püsti!** [naeratage! pea pusˈti!]
¿Está libre esta noche?	**Kas te olete täna õhtul vaba?** [kas te olete tæna ɜhtulʲ ʋaba?]
¿Puedo ofrecerle algo de beber?	**Kas tohin teile jooki pakkuda?** [kas tohin tejle joːki pakkuda?]
¿Querría bailar conmigo?	**Kas sooviksite tantsida?** [kas soːʋiksite tantsida?]
Vamos a ir al cine.	**Ehk läheksime kinno.** [ehk lʲæheksime kinno]
¿Puedo invitarle a …?	**Kas tohin teid kutsuda …?** [kas tohin tejt kutsuda …?]
un restaurante	**restorani** [resˈtorani]
el cine	**kinno** [kinno]
el teatro	**teatrisse** [teatrise]
dar una vuelta	**jalutama** [jalutama]
¿A qué hora?	**Mis ajal?** [mis ajal?]
esta noche	**täna õhtul** [tæna ɜhtulʲ]
a las seis	**kell kuus** [kelʲ kuːs]
a las siete	**kell seitse** [kelʲ sejtse]
a las ocho	**kell kaheksa** [kelʲ kaheksa]
a las nueve	**kell üheksa** [kelʲ ʉheksa]
¿Le gusta este lugar?	**Kas teile meeldib siin olla?** [kas tejle meːlʲdib siːn olʲæ?]
¿Está aquí con alguien?	**Kas te olete siin kellegagi koos?** [kas te olete siːn kelʲegagi koːs?]
Estoy con mi amigo /amiga/.	**Olen koos sõbraga.** [olen koːs sɜbraga]

Estoy con amigos.

Olen koos sõpradega.
[olen koːs sэpradega]

No, estoy solo /sola/.

Ei, ma olen üksik.
[ej, ma olen üksik]

¿Tienes novio?

Kas sul on sõber olemas?
[kas sulʲ on sэber olemas?]

Tengo novio.

Mul on sõber.
[mulʲ on sэber]

¿Tienes novia?

Kas sul on sõbranna olemas?
[kas sulʲ on sэbranna olemas?]

Tengo novia.

Mul on sõbranna olemas.
[mulʲ on sэbranna olemas]

¿Te puedo volver a ver?

Kas me kohtume veel?
[kas me kohtume veːl?]

¿Te puedo llamar?

Kas tohin sulle helistada?
[kas tohin sulʲe helisʲtada?]

Llámame.

Helista mulle.
[helisʲta mulʲe]

¿Cuál es tu número?

Ütle mulle oma telefoninumber?
[ütle mulʲe oma telefoninumber?]

Te echo de menos.

Igatsen su järele.
[igatsen su jærele]

¡Qué nombre tan bonito!

Teil on ilus nimi.
[tejlʲ on ilus nimi]

Te quiero.

Ma armastan teid.
[ma armasʲtan tejd]

¿Te casarías conmigo?

Kas abiellute minuga?
[kas abielʲute minuga?]

¡Está de broma!

Nalja teete!
[nalja teːte!]

Sólo estoy bromeando.

Lihtsalt teen nalja.
[lihtsalʲt teːn nalja]

¿En serio?

Kas te mõtlete seda tõsiselt?
[kas te mзtlete seda tзsiselʲt?]

Lo digo en serio.

Jah, ma olen tõsine.
[jah, ma olen tзsine]

¿De verdad?

Tõesti?!
[tзesʲti?!]

¡Es increíble!

See on uskumatu!
[seː on uskumatu!]

No le creo.

Ma ei usu teid.
[ma ej usu tejd]

No puedo.

Ma ei saa.
[ma ej saː]

No lo sé.

Ma ei tea.
[ma ej tea]

No le entiendo.

Ma ei saa teist aru.
[ma ej saː tejsʲt aru]

Váyase, por favor.	**Palun lahkuge.**
	[palun lahkuge]
¡Déjeme en paz!	**Jätke mind üksi!**
	[jætke mint uksi!]

Es inaguantable.	**Ma ei talu teda.**
	[ma ej talu teda]
¡Es un asqueroso!	**Te olete vastik!**
	[te olete vasitik!]
¡Llamaré a la policía!	**Ma kutsun politsei!**
	[ma kutsun politsej!]

Compartir impresiones. Emociones

Me gusta.	**See meeldib mulle.** [se: meːlʲdib mulʲe]
Muy lindo.	**Väga kena.** [ʋæga kena]
¡Es genial!	**See on suurepärane!** [se: on suːrepærane!]
No está mal.	**See ei ole halb.** [se: ej ole halʲb]
No me gusta.	**See ei meeldi mulle.** [se: ej meːlʲdi mulʲe]
No está bien.	**See ei ole hea.** [se: ej ole hea]
Está mal.	**See on halb.** [se: on halʲb]
Está muy mal.	**See on väga halb.** [se: on ʋæga halʲb]
¡Qué asco!	**See on eemaletõukav.** [se: on eːmaletɜukaʋ]
Estoy feliz.	**Ma olen õnnelik.** [ma olen ɜnnelik]
Estoy contento /contenta/.	**Ma olen rahul.** [ma olen rahul]
Estoy enamorado /enamorada/.	**Ma olen armunud.** [ma olen armunud]
Estoy tranquilo.	**Ma olen rahulik.** [ma olen rahulik]
Estoy aburrido.	**Ma olen tüdinud.** [ma olen tʉdinud]
Estoy cansado /cansada/.	**Ma olen väsinud.** [ma olen ʋæsinud]
Estoy triste.	**Ma olen kurb.** [ma olen kurb]
Estoy asustado.	**Ma olen hirmul.** [ma olen hirmul]
Estoy enfadado /enfadada/.	**Ma olen vihane.** [ma olen ʋihane]
Estoy preocupado /preocupada/.	**Ma olen mures.** [ma olen mures]
Estoy nervioso /nerviosa/.	**Ma olen närvis.** [ma olen nærʋis]

Estoy celoso /celosa/.

Ma olen kade.
[ma olen kade]

Estoy sorprendido /sorprendida/.

Ma olen üllatunud.
[ma olen üllætunud]

Estoy perplejo /perpleja/.

Ma olen segaduses.
[ma olen segaduses]

Problemas, Accidentes

Tengo un problema.	**Ma vajan teie abi.**
	[ma ʋajan teje abi]
Tenemos un problema.	**Me vajame teie abi.**
	[me ʋajame teje abi]
Estoy perdido /perdida/.	**Ma olen ära eksinud.**
	[ma olen æra eksinud]
Perdi el último autobús (tren).	**Ma jäin viimasest bussist (rongist) maha.**
	[ma jæjn ʋi:masesʲt bussisʲt (rongisʲt) maha]
No me queda más dinero.	**Mul on raha päris otsas.**
	[mulʲ on raha pæris otsas]

He perdido ...	**Ma kaotasin oma ...**
	[ma kaotasin oma ...]
Me han robado ...	**Keegi varastas mu ...**
	[ke:gi ʋarasʲtas mu ...]
mi pasaporte	**passi**
	[pasi]
mi cartera	**rahakoti**
	[rahakoti]
mis papeles	**dokumendid**
	[dokumendit]
mi billete	**pileti**
	[pileti]

mi dinero	**raha**
	[raha]
mi bolso	**käekoti**
	[kæəkoti]
mi cámara	**fotoaparaadi**
	[fotoapara:di]
mi portátil	**sülearvuti**
	[sʉlearʋuti]
mi tableta	**tahvelarvuti**
	[tahʋelarʋuti]
mi teléfono	**mobiiltelefoni**
	[mobi:lʲtelefoni]

¡Ayúdeme!	**Appi! Aidake!**
	[appi! aidake!]
¿Qué pasó?	**Mis juhtus?**
	[mis juhtus?]

el incendio	**tulekahju** [tulekahju]
un tiroteo	**tulistamine** [tulisˈtamine]
el asesinato	**tapmine** [tapmine]
una explosión	**plahvatus** [plahʋatus]
una pelea	**kaklus** [kaklus]

¡Llame a la policía!	**Kutsuge politsei!** [kutsuge politsej!]
¡Más rápido, por favor!	**Palun kiirustage!** [palun kiːrusˈtage!]
Busco la comisaría.	**Ma otsin politseijaoskonda.** [ma otsin politsejjaoskonda]
Tengo que hacer una llamada.	**Mul on vaja helistada.** [mulʲ on ʋaja helisˈtada]
¿Puedo usar su teléfono?	**Kas ma tohin helistada?** [kas ma tohin helisˈtada?]

Me han ...	**Mind ...** [mint ...]
asaltado /asaltada/	**rööviti** [røːʋiti]
robado /robada/	**riisuti paljaks** [riːsuti paljaks]
violada	**vägistati** [ʋægisˈtati]
atacado /atacada/	**peksti läbi** [peksˈti lʲæbi]

¿Se encuentra bien?	**Kas teiega on kõik korras?** [kas tejega on kɜik korras?]
¿Ha visto quien a sido?	**Kas te nägite, kes see oli?** [kas te nægite, kes seː oli?]
¿Sería capaz de reconocer a la persona?	**Kas te tunneksite ta ära?** [kas te tunneksite ta æra?]
¿Está usted seguro?	**Kas olete kindel?** [kas olete kindel?]

Por favor, cálmese.	**Palun rahunege maha.** [palun rahunege maha]
¡Cálmese!	**Võtke asja rahulikult!** [ʋɜtke asja rahulikulʲt!]
¡No se preocupe!	**Ärge muretsege!** [ærge muretsege!]
Todo irá bien.	**Kõik saab korda.** [kɜik saːb korda]
Todo está bien.	**Kõik on korras.** [kɜik on korras]

Venga aquí, por favor.

Palun tulge siia.
[palun tulʲge siːa]

Tengo unas preguntas para usted.

Mul on teile mõned küsimused.
[mulʲ on tejle mɜnet kʉsimused]

Espere un momento, por favor.

Palun oodake.
[palun oːdake]

¿Tiene un documento de identidad?

Kas teil on mõni isikut tõendav dokument?
[kas tejlʲ on mɜni isikut tɜendaʋ dokument?]

Gracias. Puede irse ahora.

Tänan. Võite lahkuda.
[tænan. ʋɜite lahkuda]

¡Manos detrás de la cabeza!

Käed kuklale!
[kæət kuklale!]

¡Está arrestado!

Te olete kinni peetud!
[te olete kinni peːtud!]

Problemas de salud

Ayudeme, por favor.	**Palun aidake mind.** [palun aidake mind]
No me encuentro bien.	**Mul on halb olla.** [mulʲ on halʲb olʲæ]
Mi marido no se encuentra bien.	**Mu mehel on halb olla.** [mu mehelʲ on halʲb olʲæ]
Mi hijo …	**Mu pojal …** [mu pojalʲ …]
Mi padre …	**Mu isal …** [mu isalʲ …]
Mi mujer no se encuentra bien.	**Mu naisel on halb olla.** [mu naiselʲ on halʲb olʲæ]
Mi hija …	**Mu tütrel …** [mu tʉtrelʲ …]
Mi madre …	**Mu emal …** [mu emalʲ …]
Me duele …	**Mul on …** [mulʲ on …]
la cabeza	**peavalu** [peaʋalu]
la garganta	**kurk külma saanud** [kurk kʉlʲma sa:nut]
el estómago	**kõhuvalu** [kɜhuʋalu]
un diente	**hambavalu** [hambaʋalu]
Estoy mareado.	**Mul käib pea ringi.** [mulʲ kæjb pea ringi]
Él tiene fiebre.	**Tal on palavik.** [talʲ on palaʋik]
Ella tiene fiebre.	**Tal on palavik.** [talʲ on palaʋik]
No puedo respirar.	**Ma ei saa hingata.** [ma ej sa: hingata]
Me ahogo.	**Mul jääb hing kinni.** [mulʲ jæ:b hing kinni]
Tengo asma.	**Ma olen astmaatik.** [ma olen asʲtma:tik]
Tengo diabetes.	**Ma olen diabeetik.** [ma olen diabe:tik]

No puedo dormir.

Ma ei saa magada.
[ma ej sa: magada]

intoxicación alimentaria

toidumürgitus
[tojdumʉrgitus]

Me duele aquí.

Siit valutab.
[si:t ʋalutab]

¡Ayúdeme!

Appi! Aidake!
[appi! aidake!]

¡Estoy aquí!

Ma olen siin!
[ma olen si:n!]

¡Estamos aquí!

Me oleme siin!
[me oleme si:n!]

¡Saquenme de aquí!

Päästke mind siit välja!
[pæ:sʲtke mint si:t ʋælja!]

Necesito un médico.

Mul on arsti vaja.
[mulʲ on arsʲti ʋaja]

No me puedo mover.

Ma ei saa ennast liigutada.
[ma ej sa: ennasʲt li:gutada]

No puedo mover mis piernas.

Ma ei saa oma jalgu liigutada.
[ma ej sa: oma jalʲgu li:gutada]

Tengo una herida.

Ma olen haavatud.
[ma olen ha:ʋatud]

¿Es grave?

Kas see on kardetav?
[kas se: on kardetaʋ?]

Mis documentos están en mi bolsillo.

Minu dokumendid on mu taskus.
[minu dokumendit on mu taskus]

¡Cálmese!

Rahunege maha!
[rahunege maha!]

¿Puedo usar su teléfono?

Kas ma tohin helistada?
[kas ma tohin helisʲtada?]

¡Llame a una ambulancia!

Kutsuge kiirabi!
[kutsuge ki:rabi!]

¡Es urgente!

See on kiireloomuline!
[se: on ki:relo:muline!]

¡Es una emergencia!

See on hädaolukord!
[se: on hædaolukord!]

¡Más rápido, por favor!

Palun kiirustage!
[palun ki:rusʲtage!]

¿Puede llamar a un médico, por favor?

Palun kutsuge arst?
[palun kutsuge arsʲt?]

¿Dónde está el hospital?

Palun öelge, kus asub haigla?
[palun øelʲge, kus asub haigla?]

¿Cómo se siente?

Kuidas te ennast tunnete?
[kuidas te ennasʲt tunnete?]

¿Se encuentra bien?

Kas teiega on kõik korras?
[kas tejega on kɜik korras?]

¿Qué pasó?

Mis juhtus?
[mis juhtus?]

Me encuentro mejor.

Ma tunnen ennast nüüd paremini.
[ma tunnen ennas't nʉ:t paremini]

Está bien.

Kõik on korras.
[kɜik on korras]

Todo está bien.

Kõik on hästi.
[kɜik on hæs'ti]

En la farmacia

la farmacia	**apteek** [apte:k]
la farmacia 24 horas	**ööpäevaringselt avatud apteek** [ø:pæeʋaringselʲt aʋatut apte:k]
¿Dónde está la farmacia más cercana?	**Kus asub lähim apteek?** [kus asub lʲæhim apte:k?]

¿Está abierta ahora?	**Kas see on praegu avatud?** [kas se: on praegu aʋatud?]
¿A qué hora abre?	**Mis kell see avatakse?** [mis kelʲ se: aʋatakse?]
¿A qué hora cierra?	**Mis kell see suletakse?** [mis kelʲ se: suletakse?]

¿Está lejos?	**Kas see on kaugel?** [kas se: on kaugel?]
¿Puedo llegar a pie?	**Kas ma saan sinna jalgsi minna?** [kas ma sa:n sinna jalʲgsi minna?]
¿Puede mostrarme en el mapa?	**Palun näidake mulle seda kaardil.** [palun næjdake mulʲe seda ka:rdil]

Por favor, deme algo para …	**Palun andke mulle midagi, mis aitaks …** [palun andke mulʲe midagi, mis aitaks …]
un dolor de cabeza	**peavalu vastu** [peaʋalu ʋasʲtu]
la tos	**köha vastu** [køha ʋasʲtu]
el resfriado	**külmetuse vastu** [kʉlʲmetuse ʋasʲtu]
la gripe	**gripi vastu** [gripi ʋasʲtu]

la fiebre	**palaviku vastu** [palaʋiku ʋasʲtu]
un dolor de estomago	**kõhuvalude vastu** [kɜhuʋalude ʋasʲtu]
nauseas	**iivelduse vastu** [i:ʋelʲduse ʋasʲtu]
la diarrea	**kõhulahtisuse vastu** [kɜhulahtisuse ʋasʲtu]
el estreñimiento	**kõhukinnisuse vastu** [kɜhukinnisuse ʋasʲtu]

un dolor de espalda	**seljavalu vastu** [seljavalu vasʲtu]
un dolor de pecho	**rinnavalu vastu** [rinnavalu vasʲtu]
el flato	**pistete vastu küljes** [pisʲtete vasʲtu kuljes]
un dolor abdominal	**valude vastu kõhus** [valude vasʲtu kɜhus]
la píldora	**tablett** [tablett]
la crema	**salv, kreem** [salʲv, kreːm]
el jarabe	**siirup** [siːrup]
el spray	**sprei** [sprej]
las gotas	**tilgad** [tilʲgat]
Tiene que ir al hospital.	**Te peate haiglasse minema.** [te peate haiglase minema]
el seguro de salud	**ravikindlustus** [ravikintlusʲtus]
la receta	**retseptiga** [retseptiga]
el repelente de insectos	**putukatõrjevahend** [putukatɜrjevahent]
la curita	**plaaster** [plaːsʲter]

Lo más imprescindible

Perdone, ...	**Vabandage, ...** [ʋabandage, ...]
Hola.	**Tere.** [tere]
Gracias.	**Aitäh.** [aitæh]

Sí.	**Jah.** [jah]
No.	**Ei.** [ej]
No lo sé.	**Ma ei tea.** [ma ej tea]
¿Dónde? | ¿A dónde? | ¿Cuándo?	**Kus? | Kuhu? | Millal?** [kus? | kuhu? | milʲæl?]

Necesito ...	**Mul on ... vaja** [mulʲ on ... ʋaja]
Quiero ...	**Ma tahan ...** [ma tahan ...]
¿Tiene ...?	**Kas teil on ... ?** [kas tejlʲ on ... ?]
¿Hay ... por aquí?	**Kas siin on kusagil ... ?** [kas si:n on kusagilʲ ... ?]
¿Puedo ...?	**Kas ma tohin ...?** [kas ma tohin ...?]
..., por favor? (petición educada)	**Palun, ...** [palun, ...]

Busco ...	**Ma otsin ...** [ma otsin ...]
el servicio	**tualetti** [tualetti]
un cajero automático	**pangaautomaati** [panga:utoma:ti]
una farmacia	**apteeki** [apte:ki]
el hospital	**haiglat** [haiglat]

la comisaría	**politseijaoskonda** [politsejjaoskonda]
el metro	**metroojaama** [metro:ja:ma]

un taxi	**taksot** [taksot]
la estación de tren	**raudteejaama** [raudte:ja:ma]

Me llamo …	**Minu nimi on …** [minu nimi on …]
¿Cómo se llama?	**Mis teie nimi on?** [mis teje nimi on?]
¿Puede ayudarme, por favor?	**Palun aidake mind.** [palun aidake mind]
Tengo un problema.	**Ma vajan teie abi.** [ma ʋajan teje abi]
Me encuentro mal.	**Mul on halb olla.** [mulʲ on halʲb olʲæ]
¡Llame a una ambulancia!	**Kutsuge kiirabi!** [kutsuge ki:rabi!]
¿Puedo llamar, por favor?	**Kas ma tohin helistada?** [kas ma tohin helisʲtada?]

Lo siento.	**Vabandage.** [ʋabandage]
De nada.	**Tänan.** [tænan]

Yo	**mina, ma** [mina, ma]
tú	**sina, sa** [sina, sa]
él	**tema, ta** [tema, ta]
ella	**tema, ta** [tema, ta]
ellos	**nemad, nad** [nemad, nat]
ellas	**nemad, nad** [nemad, nat]
nosotros /nosotras/	**meie, me** [meje, me]
ustedes, vosotros	**teie, te** [teje, te]
usted	**teie** [teje]

ENTRADA	**SISSEPÄÄS** [sissepæ:s]
SALIDA	**VÄLJAPÄÄS** [ʋæljapæ:s]
FUERA DE SERVICIO	**EI TÖÖTA** [ej tø:ta]
CERRADO	**SULETUD** [suletut]

ABIERTO

PARA SEÑORAS

PARA CABALLEROS

AVATUD
[aʋatut]

NAISTE
[naisʲte]

MEESTE
[meːsʲte]

T&P BOOKS

DICCIONARIO CONCISO

Esta sección contiene más
de 1.500 palabras útiles.
El diccionario incluye muchos
términos gastronómicos
y será de gran ayuda para
pedir alimentos en un
restaurante o comprando
comestibles en la tienda

T&P Books Publishing

CONTENIDO DEL DICCIONARIO

1. La hora. El calendario 76
2. Números. Los numerales 77
3. El ser humano. Los familiares 78
4. El cuerpo. La anatomía humana 79
5. La medicina. Las drogas 81
6. Los sentimientos. Las emociones 82
7. La ropa. Accesorios personales 83
8. La ciudad. Las instituciones urbanas 84
9. El dinero. Las finanzas 86
10. El transporte 87
11. La comida. Unidad 1 88
12. La comida. Unidad 2 89
13. La casa. El apartamento. Unidad 1 90
14. La casa. El apartamento. Unidad 2 92
15. Los trabajos. El estatus social 93
16. Los deportes 94

17. Los idiomas extranjeros. La ortografía ... 95
18. La Tierra. La geografía ... 97
19. Los países. Unidad 1 ... 98
20. Los países. Unidad 2 ... 99
21. El tiempo. Los desastres naturales ... 100
22. Los animales. Unidad 1 ... 102
23. Los animales. Unidad 2 ... 103
24. Los árboles. Las plantas ... 104
25. Varias palabras útiles ... 105
26. Los adjetivos. Unidad 1 ... 107
27. Los adjetivos. Unidad 2 ... 108
28. Los verbos. Unidad 1 ... 109
29. Los verbos. Unidad 2 ... 110
30. Los verbos. Unidad 3 ... 111

T&P Books Publishing

tiempo (m)	aeg	[aeg]
hora (f)	tund	[tunt]
media hora (f)	pool tundi	[po:lʲ tundi]
minuto (m)	minut	[minut]
segundo (m)	sekund	[sekunt]

hoy (adv)	täna	[tæna]
mañana (adv)	homme	[homme]
ayer (adv)	eile	[ejle]

lunes (m)	esmaspäev	[esmaspæəʊ]
martes (m)	teisipäev	[tejsipæəʊ]
miércoles (m)	kolmapäev	[kolʲmapæəʊ]
jueves (m)	neljapäev	[neljapæəʊ]
viernes (m)	reede	[re:de]
sábado (m)	laupäev	[laupæəʊ]
domingo (m)	pühapäev	[pʉhapæəʊ]

día (m)	päev	[pæəʊ]
día (m) de trabajo	tööpäev	[tø:pæəʊ]
día (m) de fiesta	pidupäev	[pidupæəʊ]
fin (m) de semana	nädalavahetus	[nædalaʊahetus]

semana (f)	nädal	[nædalʲ]
semana (f) pasada	möödunud nädalal	[mø:dunut nædalalʲ]
semana (f) que viene	järgmisel nädalal	[jærgmiselʲ nædalalʲ]

| salida (f) del sol | päikesetõus | [pæjkesetɜus] |
| puesta (f) del sol | loojang | [lo:jang] |

por la mañana	hommikul	[hommikulʲ]
por la tarde	pärast lõunat	[pærasʲt lɜunat]
por la noche	õhtul	[ɜhtulʲ]
esta noche (p.ej. 8:00 p.m.)	täna õhtul	[tæna ɜhtulʲ]
por la noche	öösel	[ø:selʲ]
medianoche (f)	kesköö	[keskø:]

enero (m)	jaanuar	[ja:nuar]
febrero (m)	veebruar	[ʊe:bruar]
marzo (m)	märts	[mærts]
abril (m)	aprill	[aprilʲ]
mayo (m)	mai	[mai]
junio (m)	juuni	[ju:ni]
julio (m)	juuli	[ju:li]

agosto (m)	**august**	[augusʲt]
septiembre (m)	**september**	[september]
octubre (m)	**oktoober**	[okto:ber]
noviembre (m)	**november**	[nouember]
diciembre (m)	**detsember**	[detsember]
en primavera	**kevadel**	[keuadelʲ]
en verano	**suvel**	[suuelʲ]
en otoño	**sügisel**	[sugiselʲ]
en invierno	**talvel**	[talʲuelʲ]
mes (m)	**kuu**	[ku:]
estación (f)	**hooaeg**	[ho:aeg]
año (m)	**aasta**	[a:sʲta]
siglo (m)	**sajand**	[sajant]

2. Números. Los numerales

cifra (f)	**number**	[number]
número (m) (~ cardinal)	**arv**	[aru]
menos (m)	**miinus**	[mi:nus]
más (m)	**pluss**	[pluss]
suma (f)	**summa**	[summa]
primero (adj)	**esimene**	[esimene]
segundo (adj)	**teine**	[tejne]
tercero (adj)	**kolmas**	[kolʲmas]
cero	**null**	[nulʲ]
uno	**üks**	[uks]
dos	**kaks**	[kaks]
tres	**kolm**	[kolʲm]
cuatro	**neli**	[neli]
cinco	**viis**	[ui:s]
seis	**kuus**	[ku:s]
siete	**seitse**	[sejtse]
ocho	**kaheksa**	[kaheksa]
nueve	**üheksa**	[uheksa]
diez	**kümme**	[kumme]
once	**üksteist**	[uksʲtejsʲt]
doce	**kaksteist**	[kaksʲtejsʲt]
trece	**kolmteist**	[kolʲmtejsʲt]
catorce	**neliteist**	[nelitejsʲt]
quince	**viisteist**	[ui:sʲtejsʲt]
dieciséis	**kuusteist**	[ku:sʲtejsʲt]
diecisiete	**seitseteist**	[sejtsetejsʲt]
dieciocho	**kaheksateist**	[kaheksatejsʲt]

diecinueve	üheksateist	[ʉheksatejsʲt]
veinte	kakskümmend	[kakskʉmment]
treinta	kolmkümmend	[kolʲmkʉmment]
cuarenta	nelikümmend	[nelikʉmment]
cincuenta	viiskümmend	[ʋiːskʉmment]
sesenta	kuuskümmend	[kuːskʉmment]
setenta	seitsekümmend	[sejtsekʉmment]
ochenta	kaheksakümmend	[kaheksakʉmment]
noventa	üheksakümmend	[ʉheksakʉmment]
cien	sada	[sada]
doscientos	kakssada	[kakssada]
trescientos	kolmsada	[kolʲmsada]
cuatrocientos	nelisada	[nelisada]
quinientos	viissada	[ʋiːssada]
seiscientos	kuussada	[kuːssada]
setecientos	seitsesada	[sejtsesada]
ochocientos	kaheksasada	[kaheksasada]
novecientos	üheksasada	[ʉheksasada]
mil	tuhat	[tuhat]
diez mil	kümme tuhat	[kʉmme tuhat]
cien mil	sada tuhat	[sada tuhat]
millón (m)	miljon	[miljon]
mil millones	miljard	[miljart]

3. El ser humano. Los familiares

hombre (m) (varón)	mees	[meːs]
joven (m)	noormees	[noːrmeːs]
adolescente (m)	nooruk	[noːruk]
mujer (f)	naine	[naine]
muchacha (f)	tütarlaps	[tʉtarlaps]
edad (f)	vanus	[ʋanus]
adulto	täiskasvanud	[tæjskasʋanut]
de edad media (adj)	keskealine	[keskealine]
anciano, mayor (adj)	eakas	[eakas]
viejo (adj)	vana	[ʋana]
anciano (m)	vanamees	[ʋanameːs]
anciana (f)	vanaeit	[ʋanaejt]
jubilación (f)	pension	[pension]
jubilarse	pensionile minema	[pensionile minema]
jubilado (m)	pensionär	[pensionær]
madre (f)	ema	[ema]
padre (m)	isa	[isa]
hijo (m)	poeg	[poeg]

hija (f)	**tütar**	[tʉtar]
hermano (m)	**vend**	[ʋent]
hermano (m) mayor	**vanem vend**	[ʋanem ʋent]
hermano (m) menor	**noorem vend**	[no:rem ʋent]
hermana (f)	**õde**	[ɜde]
hermana (f) mayor	**vanem õde**	[ʋanem ɜde]
hermana (f) menor	**noorem õde**	[no:rem ɜde]
padres (pl)	**vanemad**	[ʋanemat]
niño -a (m, f)	**laps**	[laps]
niños (pl)	**lapsed**	[lapset]
madrastra (f)	**võõrasema**	[ʋɜ:rasema]
padrastro (m)	**võõrasisa**	[ʋɜ:rasisa]
abuela (f)	**vanaema**	[ʋanaema]
abuelo (m)	**vanaisa**	[ʋanaisa]
nieto (m)	**lapselaps**	[lapselaps]
nieta (f)	**lapselaps**	[lapselaps]
nietos (pl)	**lapselapsed**	[lapselapset]
tío (m)	**onu**	[onu]
tía (f)	**tädi**	[tædi]
sobrino (m)	**vennapoeg**	[ʋennapoeg]
sobrina (f)	**vennatütar**	[ʋennatʉtar]
mujer (f)	**naine**	[naine]
marido (m)	**mees**	[me:s]
casado (adj)	**abielus**	[abielus]
casada (adj)	**abielus**	[abielus]
viuda (f)	**lesk**	[lesk]
viudo (m)	**lesk**	[lesk]
nombre (m)	**eesnimi**	[e:snimi]
apellido (m)	**perekonnnimi**	[perekonnnimi]
pariente (m)	**sugulane**	[sugulane]
amigo (m)	**sõber**	[sɜber]
amistad (f)	**sõprus**	[sɜprus]
compañero (m)	**partner**	[partner]
superior (m)	**ülemus**	[ʉlemus]
colega (m, f)	**kolleeg**	[kolˡe:g]
vecinos (pl)	**naabrid**	[na:brit]

4. El cuerpo. La anatomía humana

organismo (m)	**organism**	[organism]
cuerpo (m)	**keha**	[keha]
corazón (m)	**süda**	[sʉda]
sangre (f)	**veri**	[ʋeri]

cerebro (m)	**aju**	[aju]
nervio (m)	**närv**	[næru]
hueso (m)	**luu**	[lu:]
esqueleto (m)	**luukere**	[lu:kere]
columna (f) vertebral	**selgroog**	[selʲgro:g]
costilla (f)	**roie**	[roje]
cráneo (m)	**pealuu**	[pealu:]
músculo (m)	**lihas**	[lihas]
pulmones (m pl)	**kops**	[kops]
piel (f)	**nahk**	[nahk]
cabeza (f)	**pea**	[pea]
cara (f)	**nägu**	[nægu]
nariz (f)	**nina**	[nina]
frente (f)	**laup**	[laup]
mejilla (f)	**põsk**	[pɜsk]
boca (f)	**suu**	[su:]
lengua (f)	**keel**	[ke:lʲ]
diente (m)	**hammas**	[hammas]
labios (m pl)	**huuled**	[hu:let]
mentón (m)	**lõug**	[lɜug]
oreja (f)	**kõrv**	[kɜru]
cuello (m)	**kael**	[kaelʲ]
garganta (f)	**kõri**	[kɜri]
ojo (m)	**silm**	[silʲm]
pupila (f)	**silmatera**	[silʲmatera]
ceja (f)	**kulm**	[kulʲm]
pestaña (f)	**ripse**	[ripse]
pelo, cabello (m)	**juuksed**	[ju:kset]
peinado (m)	**soeng**	[soeng]
bigote (m)	**vuntsid**	[ʊuntsit]
barba (f)	**habe**	[habe]
tener (~ la barba)	**kandma**	[kandma]
calvo (adj)	**kiilas**	[ki:las]
mano (f)	**käelaba**	[kæəlaba]
brazo (m)	**käsi**	[kæsi]
dedo (m)	**sõrm**	[sɜrm]
uña (f)	**küüs**	[kʉ:s]
palma (f)	**peopesa**	[peopesa]
hombro (m)	**õlg**	[ɜlʲg]
pierna (f)	**säär**	[sæ:r]
planta (f)	**jalalaba**	[jalalaba]
rodilla (f)	**põlv**	[pɜlʲʊ]
talón (m)	**kand**	[kant]
espalda (f)	**selg**	[selʲg]

cintura (f), talle (m)	talje	[talje]
lunar (m)	sünnimärk	[sʉnnimærk]
marca (f) de nacimiento	sünnimärk	[sʉnnimærk]

5. La medicina. Las drogas

salud (f)	tervis	[terʋis]
sano (adj)	terve	[terʋe]
enfermedad (f)	haigus	[haigus]
estar enfermo	haige olema	[haige olema]
enfermo (adj)	haige	[haige]

resfriado (m)	külmetus	[kʉlʲmetus]
resfriarse (vr)	külmetuma	[kʉlʲmetuma]
angina (f)	angiin	[angi:n]
pulmonía (f)	kopsupõletik	[kopsupɜletik]
gripe (f)	gripp	[gripp]

resfriado (m) (coriza)	nohu	[nohu]
tos (f)	köha	[køha]
toser (vi)	köhima	[køhima]
estornudar (vi)	aevastama	[aeʋasʲtama]

insulto (m)	insult	[insulʲt]
ataque (m) cardiaco	infarkt	[infarkt]
alergia (f)	allergia	[alʲergia]
asma (f)	astma	[asʲtma]
diabetes (f)	diabeet	[diabe:t]

tumor (m)	kasvaja	[kasʋaja]
cáncer (m)	vähk	[ʋæhk]
alcoholismo (m)	alkoholism	[alʲkoholism]
SIDA (m)	AIDS	[aids]
fiebre (f)	palavik	[palaʋik]
mareo (m)	merehaigus	[merehaigus]

moradura (f)	sinikas	[sinikas]
chichón (m)	muhk	[muhk]
cojear (vi)	lonkama	[lonkama]
dislocación (f)	nihestus	[nihesʲtus]
dislocar (vt)	nihestama	[nihesʲtama]

fractura (f)	luumurd	[lu:murt]
quemadura (f)	põletushaav	[pɜletusha:ʋ]
herida (f)	vigastus	[ʋigasʲtus]
dolor (m)	valu	[ʋalu]
dolor (m) de muelas	hambavalu	[hambaʋalu]

| sudar (vi) | higistama | [higisʲtama] |
| sordo (adj) | kurt | [kurt] |

mudo (adj)	tumm	[tumm]
inmunidad (f)	immuniteet	[immunite:t]
virus (m)	viirus	[ʋi:rus]
microbio (m)	mikroob	[mikro:b]
bacteria (f)	bakter	[bakter]
infección (f)	nakkus	[nakkus]
hospital (m)	haigla	[haigla]
cura (f)	iseravimine	[iseraʋimine]
vacunar (vt)	vaktsineerima	[ʋaktsine:rima]
estar en coma	koomas olema	[ko:mas olema]
revitalización (f)	reanimatsioon	[reanimatsio:n]
síntoma (m)	sümptom	[sᵾmptom]
pulso (m)	pulss	[pulⁱss]

6. Los sentimientos. Las emociones

yo	mina	[mina]
tú	sina	[sina]
él	tema	[tema]
ella	tema	[tema]
ello	see	[se:]
nosotros, -as	meie	[meje]
vosotros, -as	teie	[teje]
ellos, ellas	nemad	[nemat]
¡Hola! (fam.)	Tere!	[tere!]
¡Hola! (form.)	Tere!	[tere!]
¡Buenos días!	Tere hommikust!	[tere hommikusⁱt!]
¡Buenas tardes!	Tere päevast!	[tere pæəʋasⁱt!]
¡Buenas noches!	Tere õhtust!	[tere ɜhtusⁱt!]
decir hola	teretama	[teretama]
saludar (vt)	tervitama	[terʋitama]
¿Cómo estás?	Kuidas läheb?	[kuidas lⁱæheb?]
¡Chau! ¡Adiós!	Nägemist!	[nægemisⁱt!]
¡Gracias!	Aitäh!	[aitæh!]
sentimientos (m pl)	tunded	[tundet]
tener hambre	süüa tahtma	[sᵾ:a tahtma]
tener sed	juua tahtma	[ju:a tahtma]
cansado (adj)	väsinud	[ʋæsinut]
inquietarse (vr)	muretsema	[muretsema]
estar nervioso	närveerima	[nærʋe:rima]
esperanza (f)	lootus	[lo:tus]
esperar (tener esperanza)	lootma	[lo:tma]
carácter (m)	iseloom	[iselo:m]
modesto (adj)	tagasihoidlik	[tagasihojtlik]

perezoso (adj)	laisk	[laisk]
generoso (adj)	helde	[helⁱde]
talentoso (adj)	andekas	[andekas]

honesto (adj)	aus	[aus]
serio (adj)	tõsine	[tɜsine]
tímido (adj)	kartlik	[kartlik]
sincero (adj)	siiras	[siːras]
cobarde (m)	argpüks	[argpʉks]

dormir (vi)	magama	[magama]
sueño (m) (dulces ~s)	unenägu	[unenægu]
cama (f)	voodi	[ʋoːdi]
almohada (f)	padi	[padi]

insomnio (m)	unetus	[unetus]
irse a la cama	magama minema	[magama minema]
pesadilla (f)	õudusunenägu	[ɜudusunenægu]
despertador (m)	äratuskell	[æratuskelⁱ]

sonrisa (f)	naeratus	[naeratus]
sonreír (vi)	naeratama	[naeratama]
reírse (vr)	naerma	[naerma]

disputa (f), riña (f)	tüli	[tʉli]
insulto (m)	solvamine	[solⁱʋamine]
ofensa (f)	solvumine	[solⁱʋumine]
enfadado (adj)	vihane	[ʋihane]

7. La ropa. Accesorios personales

ropa (f)	riided	[riːdet]
abrigo (m)	mantel	[mantelⁱ]
abrigo (m) de piel	kasukas	[kasukas]
cazadora (f)	jope	[jope]
impermeable (m)	vihmamantel	[ʋihmamantelⁱ]
camisa (f)	särk	[særk]
pantalones (m pl)	püksid	[pʉksit]
chaqueta (f), saco (m)	pintsak	[pintsak]
traje (m)	ülikond	[ʉlikont]

vestido (m)	kleit	[klejt]
falda (f)	seelik	[seːlik]
camiseta (f) (T-shirt)	T-särk	[t-særk]
bata (f) de baño	hommikumantel	[hommikumantelⁱ]
pijama (m)	pidžaama	[pidʒaːma]
ropa (f) de trabajo	tööriietus	[tøːriːetus]

ropa (f) interior	pesu	[pesu]
calcetines (m pl)	sokid	[sokit]

sostén (m)	**rinnahoidja**	[rinnahojdja]
pantimedias (f pl)	**sukkpüksid**	[sukkpʉksit]
medias (f pl)	**sukad**	[sukat]
traje (m) de baño	**trikoo**	[triko:]
gorro (m)	**müts**	[mʉts]
calzado (m)	**jalatsid**	[jalatsit]
botas (f pl) altas	**saapad**	[sa:pat]
tacón (m)	**konts**	[konts]
cordón (m)	**kingapael**	[kingapaelʲ]
betún (m)	**kingakreem**	[kingakre:m]
algodón (m)	**puuvill**	[pu:ʋilʲ]
lana (f)	**vill**	[ʋilʲ]
piel (f) (~ de zorro, etc.)	**karusnahk**	[karusnahk]
guantes (m pl)	**sõrmkindad**	[sɜrmkindat]
manoplas (f pl)	**labakindad**	[labakindat]
bufanda (f)	**sall**	[salʲ]
gafas (f pl)	**prillid**	[prilʲit]
paraguas (m)	**vihmavari**	[ʋihmaʋari]
corbata (f)	**lips**	[lips]
moquero (m)	**taskurätik**	[taskurætik]
peine (m)	**kamm**	[kamm]
cepillo (m) de pelo	**juuksehari**	[ju:ksehari]
hebilla (f)	**pannal**	[pannalʲ]
cinturón (m)	**vöö**	[ʋø:]
bolso (m)	**käekott**	[kæəkott]
cuello (m)	**krae**	[krae]
bolsillo (m)	**tasku**	[taskuʊ]
manga (f)	**varrukas**	[ʋarrukas]
bragueta (f)	**püksiauk**	[pʉksiauk]
cremallera (f)	**tõmblukk**	[tɜmblukk]
botón (m)	**nööp**	[nø:p]
ensuciarse (vr)	**ära määrima**	[æra mæ:rima]
mancha (f)	**plekk**	[plekk]

8. La ciudad. Las instituciones urbanas

tienda (f)	**kauplus**	[kauplus]
centro (m) comercial	**kaubanduskeskus**	[kaubanduskeskus]
supermercado (m)	**supermarket**	[supermarket]
zapatería (f)	**kingapood**	[kingapo:t]
librería (f)	**raamatukauplus**	[ra:matukauplus]
farmacia (f)	**apteek**	[apte:k]
panadería (f)	**leivapood**	[lejʋapo:t]

pastelería (f)	kondiitripood	[kondi:tripo:t]
tienda (f) de comestibles	toidupood	[tojdupo:t]
carnicería (f)	lihakarn	[lihakarn]
verdulería (f)	juurviljapood	[ju:rʋiljapo:t]
mercado (m)	turg	[turg]

peluquería (f)	juuksurisalong	[ju:ksurisalong]
oficina (f) de correos	postkontor	[posʲtkontor]
tintorería (f)	keemiline puhastus	[ke:miline puhasʲtus]
circo (m)	tsirkus	[tsirkus]
zoológico (m)	loomaaed	[lo:ma:et]
teatro (m)	teater	[teater]
cine (m)	kino	[kino]
museo (m)	muuseum	[mu:seum]
biblioteca (f)	raamatukogu	[ra:matukogu]

mezquita (f)	mošee	[moʃe:]
sinagoga (f)	sünagoog	[sɯnago:g]
catedral (f)	katedraal	[katedra:lʲ]
templo (m)	pühakoda	[pɯhakoda]
iglesia (f)	kirik	[kirik]

instituto (m)	instituut	[insʲtitu:t]
universidad (f)	ülikool	[ɯliko:lʲ]
escuela (f)	kool	[ko:lʲ]

hotel (m)	hotell	[hotelʲ]
banco (m)	pank	[pank]
embajada (f)	suursaatkond	[su:rsa:tkont]
agencia (f) de viajes	reisibüroo	[rejsibɯro:]

metro (m)	metroo	[metro:]
hospital (m)	haigla	[haigla]
gasolinera (f)	tankla	[tankla]
aparcamiento (m)	parkla	[parkla]

ENTRADA	SISSEPÄÄS	[sissepæ:s]
SALIDA	VÄLJAPÄÄS	[ʋæljapæ:s]
EMPUJAR	LÜKKA	[lɯkka]
TIRAR	TÕMBA	[tɜmba]

| ABIERTO | AVATUD | [aʋatud] |
| CERRADO | SULETUD | [suletud] |

monumento (m)	mälestussammas	[mælesʲtussammas]
fortaleza (f)	kindlus	[kintlus]
palacio (m)	loss	[loss]

medieval (adj)	keskaegne	[keskaegne]
antiguo (adj)	vanaaegne	[ʋana:egne]
nacional (adj)	rahvuslik	[rahʋuslik]
conocido (adj)	tuntud	[tuntut]

9. El dinero. Las finanzas

dinero (m)	raha	[raha]
moneda (f)	münt	[mʉnt]
dólar (m)	dollar	[dolʲær]
euro (m)	euro	[euro]

cajero (m) automático	pangaautomaat	[panga:utoma:t]
oficina (f) de cambio	rahavahetus	[rahaʋahetus]
curso (m)	kurss	[kurss]
dinero (m) en efectivo	sularaha	[sularaha]
¿Cuánto?	Kui palju?	[kui palʲu?]
pagar (vi, vt)	tasuma	[tasuma]
pago (m)	maksmine	[maksmine]
cambio (m) (devolver el ~)	tagasiantav raha	[tagasiantaʋ raha]

precio (m)	hind	[hint]
descuento (m)	allahindlus	[alʲæhintlus]
barato (adj)	odav	[odaʋ]
caro (adj)	kallis	[kalʲis]

banco (m)	pank	[pank]
cuenta (f)	pangakonto	[pangakonto]
tarjeta (f) de crédito	krediidikaart	[kredi:dika:rt]
cheque (m)	tšekk	[tʃekk]
sacar un cheque	tšekki välja kirjutama	[tʃekki ʋælʲja kirjutama]
talonario (m)	tšekiraamat	[tʃekira:mat]

deuda (f)	võlg	[ʋɜlʲg]
deudor (m)	võlgnik	[ʋɜlʲgnik]
prestar (vt)	võlgu andma	[ʋɜlʲgu andma]
tomar prestado	võlgu võtma	[ʋɜlʲgu ʋɜtma]

alquilar (vt)	laenutama	[laenutama]
a crédito (adv)	krediiti võtma	[kredi:ti ʋɜtma]
cartera (f)	rahatasku	[rahatasku]
caja (f) fuerte	seif	[sejf]
herencia (f)	pärandus	[pærandus]
fortuna (f)	varandus	[ʋarandus]

impuesto (m)	maks	[maks]
multa (f)	trahv	[trahʋ]
multar (vt)	trahvima	[trahʋima]

al por mayor (adj)	hulgi-	[hulʲgi-]
al por menor (adj)	jae	[jae]
asegurar (vt)	kindlustama	[kintlusʲtama]
seguro (m)	kindlustus	[kintlusʲtus]

| capital (m) | kapital | [kapitalʲ] |
| volumen (m) de negocio | käive | [kæjʋe] |

acción (f)	aktsia	[aktsia]
beneficio (m)	kasum	[kasum]
beneficioso (adj)	kasumiga	[kasumiga]

crisis (f)	kriis	[kri:s]
bancarrota (f)	pankrot	[pankrot]
ir a la bancarrota	pankrotistuma	[pankrotisʲtuma]

contable (m)	raamatupidaja	[ra:matupidaja]
salario (m)	töötasu	[tø:tasu]
premio (m)	preemia	[pre:mia]

10. El transporte

autobús (m)	buss	[buss]
tranvía (m)	tramm	[tramm]
trolebús (m)	troll	[trolʲ]

ir en …	… sõitma	[… sɜitma]
tomar (~ el autobús)	sisenema	[sisenema]
bajar (~ del tren)	maha minema	[maha minema]

parada (f)	peatus	[peatus]
parada (f) final	lõpp-peatus	[lɜpp-peatus]
horario (m)	sõiduplaan	[sɜidupla:n]
billete (m)	pilet	[pilet]
llegar tarde (vi)	hilinema	[hilinema]

taxi (m)	takso	[takso]
en taxi	taksoga	[taksoga]
parada (f) de taxi	taksopeatus	[taksopeatus]

tráfico (m)	tänavaliiklus	[tænaʋali:klus]
horas (f pl) de punta	tipptund	[tipptunt]
aparcar (vi)	parkima	[parkima]

metro (m)	metroo	[metro:]
estación (f)	jaam	[ja:m]
tren (m)	rong	[rong]
estación (f)	raudteejaam	[raudte:ja:m]
rieles (m pl)	rööpad	[rø:pat]
compartimiento (m)	kupee	[kupe:]
litera (f)	nari	[nari]

avión (m)	lennuk	[lennuk]
billete (m) de avión	lennukipilet	[lennukipilet]
compañía (f) aérea	lennukompanii	[lennukompani:]
aeropuerto (m)	lennujaam	[lennuja:m]
vuelo (m)	lend	[lent]
equipaje (m)	pagas	[pagas]

carrito (m) de equipaje	pagasikäru	[pagasikæru]
barco, buque (m)	laev	[laeʋ]
trasatlántico (m)	liinilaev	[liːnilaeʋ]
yate (m)	jaht	[jaht]
bote (m) de remo	paat	[paːt]

capitán (m)	kapten	[kapten]
camarote (m)	kajut	[kajut]
puerto (m)	sadam	[sadam]

bicicleta (f)	jalgratas	[jalʲgratas]
scooter (m)	motoroller	[motorolʲer]
motocicleta (f)	mootorratas	[moːtorratas]
pedal (m)	pedaal	[pedaːlʲ]
bomba (f)	pump	[pump]
rueda (f)	ratas	[ratas]

coche (m)	auto	[auto]
ambulancia (f)	kiirabi	[kiːrabi]
camión (m)	veoauto	[ʋeoauto]
de ocasión (adj)	kasutatud	[kasutatut]
accidente (m)	avarii	[aʋariː]
reparación (f)	remont	[remont]

11. La comida. Unidad 1

carne (f)	liha	[liha]
gallina (f)	kana	[kana]
pato (m)	part	[part]

carne (f) de cerdo	sealiha	[sealiha]
carne (f) de ternera	vasikaliha	[ʋasikaliha]
carne (f) de carnero	lambaliha	[lambaliha]
carne (f) de vaca	loomaliha	[loːmaliha]

salchichón (m)	vorst	[ʋorsʲt]
huevo (m)	muna	[muna]
pescado (m)	kala	[kala]
queso (m)	juust	[juːsʲt]
azúcar (m)	suhkur	[suhkur]
sal (f)	sool	[soːlʲ]

arroz (m)	riis	[riːs]
macarrones (m pl)	makaronid	[makaronit]
mantequilla (f)	või	[ʋɜi]
aceite (m) vegetal	taimeõli	[taimeɜli]
pan (m)	leib	[lejb]
chocolate (m)	šokolaad	[ʃokolaːt]
vino (m)	vein	[ʋejn]
café (m)	kohv	[kohʋ]

leche (f)	piim	[pi:m]
zumo (m), jugo (m)	mahl	[mahlʲ]
cerveza (f)	õlu	[ɜlu]
té (m)	tee	[te:]
tomate (m)	tomat	[tomat]
pepino (m)	kurk	[kurk]
zanahoria (f)	porgand	[porgant]
patata (f)	kartul	[kartulʲ]
cebolla (f)	sibul	[sibulʲ]
ajo (m)	küüslauk	[kʉ:slauk]
col (f)	kapsas	[kapsas]
remolacha (f)	peet	[pe:t]
berenjena (f)	baklažaan	[baklaʒa:n]
eneldo (m)	till	[tilʲ]
lechuga (f)	salat	[salat]
maíz (m)	mais	[mais]
fruto (m)	puuvili	[pu:ʋili]
manzana (f)	õun	[ɜun]
pera (f)	pirn	[pirn]
limón (m)	sidrun	[sidrun]
naranja (f)	apelsin	[apelʲsin]
fresa (f)	aedmaasikas	[aedma:sikas]
ciruela (f)	ploom	[plo:m]
frambuesa (f)	vaarikas	[ʋa:rikas]
piña (f)	ananass	[ananass]
banana (f)	banaan	[bana:n]
sandía (f)	arbuus	[arbu:s]
uva (f)	viinamarjad	[ʋi:namarjat]
melón (m)	melon	[melon]

12. La comida. Unidad 2

cocina (f)	köök	[kø:k]
receta (f)	retsept	[retsept]
comida (f)	söök	[sø:k]
desayunar (vi)	hommikust sööma	[hommikusʲt sø:ma]
almorzar (vi)	lõunat sööma	[lɜunat sø:ma]
cenar (vi)	õhtust sööma	[ɜhtusʲt sø:ma]
sabor (m)	maitse	[maitse]
sabroso (adj)	maitsev	[maitseʋ]
frío (adj)	külm	[kʉlʲm]
caliente (adj)	kuum	[ku:m]
azucarado, dulce (adj)	magus	[magus]
salado (adj)	soolane	[so:lane]

bocadillo (m)	võileib	[ʋɔjlejb]
guarnición (f)	lisand	[lisant]
relleno (m)	täidis	[tæjdis]
salsa (f)	kaste	[kasʲte]
pedazo (m)	tükk	[tʉkk]

dieta (f)	dieet	[die:t]
vitamina (f)	vitamiin	[ʋitami:n]
caloría (f)	kalor	[kalor]
vegetariano (m)	taimetoitlane	[taimetojtlane]

restaurante (m)	restoran	[resʲtoran]
cafetería (f)	kohvituba	[kohʋituba]
apetito (m)	söögiisu	[sø:gi:su]
¡Que aproveche!	Head isu!	[heat isu!]

camarero (m)	kelner	[kelʲner]
camarera (f)	ettekandja	[ettekandja]
barman (m)	baarimees	[ba:rime:s]
carta (f), menú (m)	menüü	[menʉ:]

cuchara (f)	lusikas	[lusikas]
cuchillo (m)	nuga	[nuga]
tenedor (m)	kahvel	[kahʋelʲ]
taza (f)	tass	[tass]

plato (m)	taldrik	[talʲdrik]
platillo (m)	alustass	[alusʲtass]
servilleta (f)	salvrätik	[salʲʋrætik]
mondadientes (m)	hambaork	[hambaork]

pedir (vt)	tellima	[telʲima]
plato (m)	roog	[ro:g]
porción (f)	portsjon	[portsjon]
entremés (m)	suupiste	[su:pisʲte]
ensalada (f)	salat	[salat]
sopa (f)	supp	[supp]

postre (m)	magustoit	[magusʲtojt]
confitura (f)	moos	[mo:s]
helado (m)	jäätis	[jæ:tis]
cuenta (f)	arve	[arʋe]
pagar la cuenta	arvet maksma	[arʋet maksma]
propina (f)	jootraha	[jo:traha]

13. La casa. El apartamento. Unidad 1

casa (f)	maja	[maja]
casa (f) de campo	maamaja	[ma:maja]
villa (f)	villa	[ʋilʲæ]

piso (m), planta (f)	**korrus**	[korrus]
entrada (f)	**trepikoda**	[trepikoda]
pared (f)	**sein**	[sejn]
techo (m)	**katus**	[katus]
chimenea (f)	**korsten**	[korsiten]
desván (m)	**pööning**	[pø:ning]
ventana (f)	**aken**	[aken]
alféizar (m)	**aknalaud**	[aknalaut]
balcón (m)	**rõdu**	[rɜdu]
escalera (f)	**trepp**	[trepp]
buzón (m)	**postkast**	[positkasit]
contenedor (m) de basura	**prügikonteiner**	[prʉgikontejner]
ascensor (m)	**lift**	[lift]
electricidad (f)	**elekter**	[elekter]
bombilla (f)	**elektripirn**	[elektripirn]
interruptor (m)	**lüliti**	[lʉliti]
enchufe (m)	**pistikupesa**	[pisitikupesa]
fusible (m)	**kaitse**	[kaitse]
puerta (f)	**uks**	[uks]
tirador (m)	**ukselink**	[ukselink]
llave (f)	**võti**	[vɜti]
felpudo (m)	**uksematt**	[uksematt]
cerradura (f)	**lukk**	[lukk]
timbre (m)	**uksekell**	[uksekelʲ]
toque (m) a la puerta	**koputus**	[koputus]
tocar la puerta	**koputama**	[koputama]
mirilla (f)	**uksesilm**	[uksesilʲm]
patio (m)	**õu**	[ɜu]
jardín (m)	**aed**	[aet]
piscina (f)	**bassein**	[bassejn]
gimnasio (m)	**spordisaal**	[spordisa:lʲ]
cancha (f) de tenis	**tenniseväljak**	[tenniseʋæljak]
garaje (m)	**garaaž**	[gara:ʒ]
propiedad (f) privada	**eraomand**	[eraomant]
letrero (m) de aviso	**kirjalik hoiatus**	[kirjalik hojatus]
seguridad (f)	**valve**	[ʋalʲʋe]
guardia (m) de seguridad	**turvamees**	[turʋame:s]
renovación (f)	**remont**	[remont]
renovar (vt)	**remonti tegema**	[remonti tegema]
poner en orden	**korda tegema**	[korda tegema]
pintar (las paredes)	**värvima**	[ʋærʋima]
empapelado (m)	**tapeet**	[tape:t]
cubrir con barniz	**lakkima**	[lakkima]
tubo (m)	**toru**	[toru]

instrumentos (m pl)	tööriistad	[tø:ri:sʲtat]
sótano (m)	kelder	[kelʲder]
alcantarillado (m)	kanalisatsioon	[kanalisatsio:n]

14. La casa. El apartamento. Unidad 2

apartamento (m)	korter	[korter]
habitación (f)	tuba	[tuba]
dormitorio (m)	magamistuba	[magamisʲtuba]
comedor (m)	söögituba	[sø:gituba]
salón (m)	külalistuba	[kɯlalisʲtuba]
despacho (m)	kabinet	[kabinet]
antecámara (f)	esik	[esik]
cuarto (m) de baño	vannituba	[ʋannituba]
servicio (m)	tualett	[tualett]
suelo (m)	põrand	[pɜrant]
techo (m)	lagi	[lagi]
limpiar el polvo	tolmu pühkima	[tolʲmu pɯhkima]
aspirador (m), aspiradora (f)	tolmuimeja	[tolʲmuimeja]
limpiar con la aspiradora	tolmuimejaga koristama	[tolʲmuimejaga korisʲtama]
fregona (f)	hari	[hari]
trapo (m)	lapp	[lapp]
escoba (f)	luud	[lu:t]
cogedor (m)	prügikühvel	[prɯgikɯhʋelʲ]
muebles (m pl)	mööbel	[mø:belʲ]
mesa (f)	laud	[laut]
silla (f)	tool	[to:lʲ]
sillón (m)	tugitool	[tugito:lʲ]
librería (f)	raamatukapp	[ra:matukapp]
estante (m)	raamaturiiul	[ra:maturi:ulʲ]
armario (m)	riidekapp	[ri:dekapp]
espejo (m)	peegel	[pe:gelʲ]
tapiz (m)	vaip	[ʋaip]
chimenea (f)	kamin	[kamin]
cortinas (f pl)	külgkardinad	[kɯlʲgkardinat]
lámpara (f) de mesa	laualamp	[laualamp]
lámpara (f) de araña	lühter	[lɯhter]
cocina (f)	köök	[kø:k]
cocina (f) de gas	gaasipliit	[ga:sipli:t]
cocina (f) eléctrica	elektripliit	[elektripli:t]
horno (m) microondas	mikrolaineahi	[mikrolaineahi]
frigorífico (m)	külmkapp	[kɯlʲmkapp]
congelador (m)	jääkapp	[jæ:kapp]

| lavavajillas (m) | nõudepesumasin | [nɜudepesumasin] |
| grifo (m) | kraan | [kraːn] |

picadora (f) de carne	hakklihamasin	[hakklihamasin]
exprimidor (m)	mahlapress	[mahlapress]
tostador (m)	röster	[røsʲter]
batidora (f)	mikser	[mikser]

cafetera (f) (aparato de cocina)	kohvikeetja	[kohʊikeːtja]
hervidor (m) de agua	veekeetja	[ʊeːkeːtja]
tetera (f)	teekann	[teːkann]

televisor (m)	televiisor	[teleʊiːsor]
vídeo (m)	videomagnetofon	[ʊideomagnetofon]
plancha (f)	triikraud	[triːkraut]
teléfono (m)	telefon	[telefon]

15. Los trabajos. El estatus social

director (m)	direktor	[direktor]
superior (m)	ülemus	[ʉlemus]
presidente (m)	president	[president]
asistente (m)	abi	[abi]
secretario, -a (m, f)	sekretär	[sekretær]

propietario (m)	omanik	[omanik]
socio (m)	partner	[partner]
accionista (m)	aktsionär	[aktsionær]

hombre (m) de negocios	ärimees	[ærimeːs]
millonario (m)	miljonär	[miljonær]
multimillonario (m)	miljardär	[miljardær]

actor (m)	näitleja	[næjtleja]
arquitecto (m)	arhitekt	[arhitekt]
banquero (m)	pankur	[pankur]
broker (m)	vahendaja	[ʊahendaja]
veterinario (m)	loomaarst	[loːmaːrsʲt]
médico (m)	arst	[arsʲt]
camarera (f)	toatüdruk	[toatʉdruk]
diseñador (m)	disainer	[disainer]
corresponsal (m)	korrespondent	[korrespondent]
repartidor (m)	käskjalg	[kæskjalʲg]

electricista (m)	elektrik	[elektrik]
músico (m)	muusik	[muːsik]
niñera (f)	lapsehoidja	[lapsehojdja]
peluquero (m)	juuksur	[juːksur]
pastor (m)	karjus	[karjus]

cantante (m)	laulja	[laulja]
traductor (m)	tõlk	[tɜlʲk]
escritor (m)	kirjanik	[kirjanik]
carpintero (m)	puussepp	[puːssepp]
cocinero (m)	kokk	[kokk]

bombero (m)	tuletõrjuja	[tuletɜrjuja]
policía (m)	politseinik	[politsejnik]
cartero (m)	postiljon	[posʲtiljon]
programador (m)	programmeerija	[programmeːrija]
vendedor (m)	müüja	[muːja]

obrero (m)	tööline	[tøːline]
jardinero (m)	aednik	[aednik]
fontanero (m)	torulukksepp	[torulukksepp]
dentista (m)	stomatoloog	[sʲtomatoloːg]
azafata (f)	stjuardess	[sʲtjuardess]

bailarín (m)	tantsija	[tantsija]
guardaespaldas (m)	ihukaitsja	[ihukaitsja]
científico (m)	teadlane	[teatlane]
profesor (m) (~ de baile, etc.)	õpetaja	[ɜpetaja]

granjero (m)	talunik	[talunik]
cirujano (m)	kirurg	[kirurg]
minero (m)	kaevur	[kaeʋur]
jefe (m) de cocina	peakokk	[peakokk]
chofer (m)	autojuht	[autojuht]

16. Los deportes

tipo (m) de deporte	spordiala	[spordiala]
fútbol (m)	jalgpall	[jalʲgpalʲ]
hockey (m)	hoki	[hoki]
baloncesto (m)	korvpall	[korʋpalʲ]
béisbol (m)	pesapall	[pesapalʲ]

voleibol (m)	võrkpall	[ʋɜrkpalʲ]
boxeo (m)	poks	[poks]
lucha (f)	maadlus	[maːtlus]
tenis (m)	tennis	[tennis]
natación (f)	ujumine	[ujumine]

ajedrez (m)	male	[male]
carrera (f)	jooks	[joːks]
atletismo (m)	kergejõustik	[kergejɜusʲtik]
patinaje (m) artístico	iluuisutamine	[iluːisutamine]
ciclismo (m)	jalgrattasport	[jalʲgrattasport]
billar (m)	piljard	[piljart]

culturismo (m)	bodybilding	[bodybilʲding]
golf (m)	golf	[golf]
buceo (m)	allveeujumine	[alʲʊe:ujumine]
vela (f)	purjesport	[purjesport]
tiro (m) con arco	vibulaskmine	[ʊibulaskmine]
tiempo (m)	poolaeg	[po:laeg]
descanso (m)	vaheaeg	[ʊaheaeg]
empate (m)	viik	[ʊi:k]
empatar (vi)	viiki mängima	[ʊi:ki mæŋgima]
cinta (f) de correr	jooksurada	[jo:ksurada]
jugador (m)	mängija	[mæŋgija]
reserva (m)	varumängija	[ʊarumæŋgija]
banquillo (m) de reserva	varumängijate pink	[ʊarumæŋgijate pink]
match (m)	mäng	[mæŋg]
puerta (f)	värav	[ʊæraʊ]
portero (m)	väravavaht	[ʊæraʊaʊaht]
gol (m)	värav	[ʊæraʊ]
Juegos (m pl) Olímpicos	Olümpiamängud	[olʉmpiamæŋgut]
establecer un record	rekordit püstitama	[rekordit pʉsʲtitama]
final (m)	finaal	[fina:lʲ]
campeón (m)	tšempion	[tʃempion]
campeonato (m)	meistrivõistlused	[mejsʲtriʊɔisʲtluset]
vencedor (m)	võitja	[ʊɔitja]
victoria (f)	võit	[ʊɔit]
ganar (vi)	võitma	[ʊɔitma]
perder (vi)	kaotama	[kaotama]
medalla (f)	medal	[medalʲ]
primer puesto (m)	esimene koht	[esimene koht]
segundo puesto (m)	teine koht	[tejne koht]
tercer puesto (m)	kolmas koht	[kolʲmas koht]
estadio (m)	staadion	[sʲta:dion]
hincha (m)	poolehoidja	[po:lehojdja]
entrenador (m)	treener	[tre:ner]
entrenamiento (m)	trenn	[trenn]

17. Los idiomas extranjeros. La ortografía

lengua (f)	keel	[ke:lʲ]
estudiar (vt)	uurima	[u:rima]
pronunciación (f)	hääldamine	[hæ:lʲdamine]
acento (m)	aktsent	[aktsent]
sustantivo (m)	nimisõnad	[nimisɜnat]
adjetivo (m)	omadussõnad	[omadussɜnat]

| verbo (m) | **tegusõna** | [tegusɜna] |
| adverbio (m) | **määrsõna** | [mæːrsɜna] |

pronombre (m)	**asesõna**	[asesɜna]
interjección (f)	**hüüdsõna**	[hʉːdsɜna]
preposición (f)	**eessõna**	[eːssɜna]

raíz (f), radical (m)	**sõna tüvi**	[sɜna tʉʋi]
desinencia (f)	**lõpp**	[lɜpp]
prefijo (m)	**eesliide**	[eːsliːde]
sílaba (f)	**silp**	[silʲp]
sufijo (m)	**järelliide**	[jærelʲiːde]

acento (m)	**rõhk**	[rɜhk]
punto (m)	**punkt**	[punkt]
coma (m)	**koma**	[koma]
dos puntos (m pl)	**koolon**	[koːlon]
puntos (m pl) suspensivos	**kolmpunkt**	[kolʲmpunkt]

pregunta (f)	**küsimus**	[kʉsimus]
signo (m) de interrogación	**küsimärk**	[kʉsimærk]
signo (m) de admiración	**hüüumärk**	[hʉːumærk]

entre comillas	**jutumärkides**	[jutumærkides]
entre paréntesis	**sulgudes**	[sulʲgudes]
letra (f)	**täht**	[tæht]
letra (f) mayúscula	**suur algustäht**	[suːr alʲgusʲtæht]

oración (f)	**pakkumine**	[pakkumine]
combinación (f) de palabras	**sõnaühend**	[sɜnaʉhent]
expresión (f)	**väljend**	[ʋæljent]

sujeto (m)	**alus**	[alus]
predicado (m)	**öeldis**	[øelʲdis]
línea (f)	**rida**	[rida]
párrafo (m)	**lõik**	[lɜik]

sinónimo (m)	**sünonüüm**	[sʉnonʉːm]
antónimo (m)	**antonüüm**	[antonʉːm]
excepción (f)	**erand**	[erant]
subrayar (vt)	**alla kriipsutama**	[alʲæ kriːpsutama]

reglas (f pl)	**reeglid**	[reːglit]
gramática (f)	**grammatika**	[grammatika]
vocabulario (m)	**sõnavara**	[sɜnaʋara]
fonética (f)	**foneetika**	[foneːtika]
alfabeto (m)	**tähestik**	[tæhesʲtik]

manual (m)	**õpik**	[ɜpik]
diccionario (m)	**sõnaraamat**	[sɜnaraːmat]
guía (f) de conversación	**vestmik**	[ʋesʲtmik]

palabra (f)	sõna	[sɜna]
significado (m)	mõiste	[mɜisʲte]
memoria (f)	mälu	[mælu]

18. La Tierra. La geografía

Tierra (f)	Maa	[ma:]
globo (m) terrestre	maakera	[ma:kera]
planeta (m)	planeet	[plane:t]

geografía (f)	geograafia	[geogra:fia]
naturaleza (f)	loodus	[lo:dus]
mapa (m)	kaart	[ka:rt]
atlas (m)	atlas	[atlas]

en el norte	põhjas	[pɜhjas]
en el sur	lõunas	[lɜunas]
en el oeste	läänes	[lʲæ:nes]
en el este	idas	[idas]

mar (m)	meri	[meri]
océano (m)	ookean	[o:kean]
golfo (m)	laht	[laht]
estrecho (m)	väin	[ʋæjn]

continente (m)	manner	[manner]
isla (f)	saar	[sa:r]
península (f)	poolsaar	[po:lʲsa:r]
archipiélago (m)	arhipelaag	[arhipela:g]

ensenada, bahía (f)	sadam	[sadam]
arrecife (m) de coral	korallrahu	[koralʲrahu]
orilla (f)	rand	[rant]
costa (f)	rannik	[rannik]

| flujo (m) | tõus | [tɜus] |
| reflujo (m) | mõõn | [mɜ:n] |

latitud (f)	laius	[laius]
longitud (f)	pikkus	[pikkus]
paralelo (m)	paralleel	[paralʲe:lʲ]
ecuador (m)	ekvaator	[ekʋa:tor]

cielo (m)	taevas	[taeʋas]
horizonte (m)	silmapiir	[silʲmapi:r]
atmósfera (f)	atmosfäär	[atmosfæ:r]

montaña (f)	mägi	[mægi]
cima (f)	tipp	[tipp]
roca (f)	kalju	[kalju]

colina (f)	küngas	[kungas]
volcán (m)	vulkaan	[uulʲkaːn]
glaciar (m)	liustik	[liusʲtik]
cascada (f)	juga	[juga]
llanura (f)	lausmaa	[lausmaː]

río (m)	jõgi	[jɜgi]
manantial (m)	allikas	[alʲikas]
ribera (f)	kallas	[kalʲæs]
río abajo (adv)	allavoolu	[alʲæʋoːlu]
río arriba (adv)	ülesvoolu	[ʉlesʋoːlu]

lago (m)	järv	[jærʋ]
presa (f)	pais	[pais]
canal (m)	kanal	[kanalʲ]
pantano (m)	soo	[soː]
hielo (m)	jää	[jæː]

19. Los países. Unidad 1

Europa (f)	Euroopa	[euroːpa]
Unión (f) Europea	Euroopa Liit	[euroːpa liːt]
europeo (m)	eurooplane	[euroːplane]
europeo (adj)	euroopa	[euroːpa]

Austria (f)	Austria	[ausʲtria]
Gran Bretaña (f)	Suurbritannia	[suːrbritannia]
Inglaterra (f)	Inglismaa	[inglismaː]
Bélgica (f)	Belgia	[belʲgia]
Alemania (f)	Saksamaa	[saksamaː]

Países Bajos (m pl)	Madalmaad	[madalʲmaːt]
Holanda (f)	Holland	[holʲænt]
Grecia (f)	Kreeka	[kreːka]
Dinamarca (f)	Taani	[taːni]
Irlanda (f)	Iirimaa	[iːrimaː]

Islandia (f)	Island	[islant]
España (f)	Hispaania	[hispaːnia]
Italia (f)	Itaalia	[itaːlia]
Chipre (m)	Küpros	[kʉpros]
Malta (f)	Malta	[malʲta]

Noruega (f)	Norra	[norra]
Portugal (m)	Portugal	[portugalʲ]
Finlandia (f)	Soome	[soːme]
Francia (f)	Prantsusmaa	[prantsusmaː]
Suecia (f)	Rootsi	[roːtsi]
Suiza (f)	Šveits	[ʃʋejts]
Escocia (f)	Šotimaa	[ʃotimaː]

Vaticano (m)	**Vatikan**	[ʋatikan]
Liechtenstein (m)	**Liechtenstein**	[lihtenʃtejn]
Luxemburgo (m)	**Luxembourg**	[luksembourg]
Mónaco (m)	**Monaco**	[monako]
Albania (f)	**Albaania**	[alʲba:nia]
Bulgaria (f)	**Bulgaaria**	[bulʲga:ria]
Hungría (f)	**Ungari**	[ungari]
Letonia (f)	**Läti**	[lʲæti]
Lituania (f)	**Leedu**	[le:du]
Polonia (f)	**Poola**	[po:la]
Rumania (f)	**Rumeenia**	[rume:nia]
Serbia (f)	**Serbia**	[serbia]
Eslovaquia (f)	**Slovakkia**	[sloʋakkia]
Croacia (f)	**Kroaatia**	[kroa:tia]
Chequia (f)	**Tšehhia**	[tʃehhia]
Estonia (f)	**Eesti**	[e:sʲti]
Bosnia y Herzegovina	**Bosnia ja Hertsegoviina**	[bosnia ja hertsegoʋi:na]
Macedonia	**Makedoonia**	[makedo:nia]
Eslovenia	**Sloveenia**	[sloʋe:nia]
Montenegro (m)	**Montenegro**	[montenegro]
Bielorrusia (f)	**Valgevenemaa**	[ʋalʲgeʋenema:]
Moldavia (f)	**Moldova**	[molʲdoʋa]
Rusia (f)	**Venemaa**	[ʋenema:]
Ucrania (f)	**Ukraina**	[ukraina]

20. Los países. Unidad 2

Asia (f)	**Aasia**	[a:sia]
Vietnam (m)	**Vietnam**	[ʋietnam]
India (f)	**India**	[india]
Israel (m)	**Iisrael**	[i:raelʲ]
China (f)	**Hiina**	[hi:na]
Líbano (m)	**Liibanon**	[li:banon]
Mongolia (f)	**Mongoolia**	[mongo:lia]
Malasia (f)	**Malaisia**	[malaisia]
Pakistán (m)	**Pakistan**	[pakisʲtan]
Arabia (f) Saudita	**Saudi Araabia**	[saudi ara:bia]
Tailandia (f)	**Tai**	[tai]
Taiwán (m)	**Taivan**	[taiʋan]
Turquía (f)	**Türgi**	[tɯrgi]
Japón (m)	**Jaapan**	[ja:pan]
Afganistán (m)	**Afganistan**	[afganisʲtan]
Bangladesh (m)	**Bangladesh**	[bangladesh]
Indonesia (f)	**Indoneesia**	[indone:sia]

Jordania (f)	Jordaania	[jorda:nia]
Irak (m)	Iraak	[ira:k]
Irán (m)	Iraan	[ira:n]

Camboya (f)	Kambodža	[kambodʒa]
Kuwait (m)	Kuveit	[kuʋejt]
Laos (m)	Laos	[laos]
Myanmar (m)	Mjanma	[mjanma]
Nepal (m)	Nepal	[nepalʲ]

Emiratos (m pl) Árabes Unidos	Araabia Ühendemiraadid	[ara:bia ʉhendemira:dit]
Siria (f)	Süüria	[sʉ:ria]
Palestina (f)	Palestiina autonoomia	[palesʲti:na autono:mia]
Corea (f) del Sur	Lõuna-Korea	[lɜuna-korea]
Corea (f) del Norte	Põhja-Korea	[pɜhja-korea]

Estados Unidos de América	Ameerika Ühendriigid	[ame:rika ʉhendri:git]
Canadá (f)	Kanada	[kanada]
Méjico (m)	Mehhiko	[mehhiko]
Argentina (f)	Argentiina	[argenti:na]
Brasil (m)	Brasiilia	[brasi:lia]

Colombia (f)	Kolumbia	[kolumbia]
Cuba (f)	Kuuba	[ku:ba]
Chile (m)	Tšiili	[tʃi:li]
Venezuela (f)	Venetsueela	[ʋenetsue:la]
Ecuador (m)	Ecuador	[ekuador]

Islas (f pl) Bahamas	Bahama saared	[bahama sa:ret]
Panamá (f)	Panama	[panama]
Egipto (m)	Egiptus	[egiptus]
Marruecos (m)	Maroko	[maroko]
Túnez (m)	Tuneesia	[tune:sia]

Kenia (f)	Keenia	[ke:nia]
Libia (f)	Liibüa	[li:bʉa]
República (f) Sudafricana	Lõuna-Aafrika Vabariik	[lɜuna-a:frika ʋabari:k]
Australia (f)	Austraalia	[ausʲtra:lia]
Nueva Zelanda (f)	Uus Meremaa	[u:s merema:]

21. El tiempo. Los desastres naturales

tiempo (m)	ilm	[ilʲm]
previsión (f) del tiempo	ilmaennustus	[ilʲmaennusʲtus]
temperatura (f)	temperatuur	[temperatu:r]
termómetro (m)	kraadiklaas	[kra:dikla:s]
barómetro (m)	baromeeter	[barome:ter]
sol (m)	päike	[pæjke]

brillar (vi)	**paistma**	[pais̪tma]
soleado (un día ~)	**päikseline**	[pæjkseline]
elevarse (el sol)	**tõusma**	[tɜusma]
ponerse (vr)	**loojuma**	[lo:juma]
lluvia (f)	**vihm**	[ʋihm]
está lloviendo	**vihma sajab**	[ʋihma sajab]
aguacero (m)	**paduvihm**	[paduʋihm]
nubarrón (m)	**pilv**	[pilʲʋ]
charco (m)	**lomp**	[lomp]
mojarse (vr)	**märjaks saama**	[mærjaks sa:ma]
tormenta (f)	**äike**	[æjke]
relámpago (m)	**välk**	[ʋælʲk]
relampaguear (vi)	**välku lööma**	[ʋælʲku lø:ma]
trueno (m)	**kõu**	[kɜu]
está tronando	**müristab**	[mʉris̪tab]
granizo (m)	**rahe**	[rahe]
está granizando	**rahet sajab**	[rahet sajab]
bochorno (m)	**kuumus**	[ku:mus]
hace mucho calor	**on kuum**	[on ku:m]
hace calor (templado)	**soojus**	[so:jus]
hace frío	**on külm**	[on kʉlʲm]
niebla (f)	**udu**	[udu]
nebuloso (adj)	**udune**	[udune]
nube (f)	**pilv**	[pilʲʋ]
nuboso (adj)	**pilves**	[pilʲʋes]
humedad (f)	**niiskus**	[ni:skus]
nieve (f)	**lumi**	[lumi]
está nevando	**lund sajab**	[lunt sajab]
helada (f)	**pakane**	[pakane]
bajo cero (adv)	**alla nulli**	[alʲæ nulʲi]
escarcha (f)	**härmatis**	[hærmatis]
mal tiempo (m)	**halb ilm**	[halʲb ilʲm]
catástrofe (f)	**katastroof**	[katas̪tro:f]
inundación (f)	**üleujutus**	[ʉleujutus]
avalancha (f)	**laviin**	[laʋi:n]
terremoto (m)	**maavärin**	[ma:ʋærin]
sacudida (f)	**tõuge**	[tɜuge]
epicentro (m)	**epitsenter**	[epitsenter]
erupción (f)	**vulkaanipurse**	[ʋulʲka:nipurse]
lava (f)	**laava**	[la:ʋa]
tornado (m)	**tornaado**	[torna:do]
torbellino (m)	**tromb**	[tromb]
huracán (m)	**orkaan**	[orka:n]
tsunami (m)	**tsunami**	[tsunami]
ciclón (m)	**tsüklon**	[tsʉklon]

22. Los animales. Unidad 1

animal (m)	loom	[lo:m]
carnívoro (m)	kiskja	[kiskja]
tigre (m)	tiiger	[ti:ger]
león (m)	lõvi	[lɜʊi]
lobo (m)	hunt	[hunt]
zorro (m)	rebane	[rebane]
jaguar (m)	jaaguar	[ja:guar]
lince (m)	ilves	[ilʲʊes]
coyote (m)	koiott	[kojott]
chacal (m)	šaakal	[ʃa:kalʲ]
hiena (f)	hüään	[hʉæ:n]
ardilla (f)	orav	[oraʊ]
erizo (m)	siil	[si:lʲ]
conejo (m)	küülik	[kʉ:lik]
mapache (m)	pesukaru	[pesukaru]
hámster (m)	hamster	[hamsʲter]
topo (m)	mutt	[mutt]
ratón (m)	hiir	[hi:r]
rata (f)	rott	[rott]
murciélago (m)	nahkhiir	[nahkhi:r]
castor (m)	kobras	[kobras]
caballo (m)	hobune	[hobune]
ciervo (m)	põhjapõder	[pɜhjapɜder]
camello (m)	kaamel	[ka:melʲ]
cebra (f)	sebra	[sebra]
ballena (f)	vaal	[ʊa:lʲ]
foca (f)	hüljes	[hʉljes]
morsa (f)	merihobu	[merihobu]
delfín (m)	delfiin	[delfi:n]
oso (m)	karu	[karu]
mono (m)	ahv	[ahʊ]
elefante (m)	elevant	[eleʊant]
rinoceronte (m)	ninasarvik	[ninasarʊik]
jirafa (f)	kaelkirjak	[kaelʲkirjak]
hipopótamo (m)	jõehobu	[jɜehobu]
canguro (m)	känguru	[kænguru]
gata (f)	kass	[kass]
perro (m)	koer	[koer]
vaca (f)	lehm	[lehm]
toro (m)	pull	[pulʲ]

oveja (f)	lammas	[lammas]
cabra (f)	kits	[kits]

asno (m)	eesel	[eːselʲ]
cerdo (m)	siga	[siga]
gallina (f)	kana	[kana]
gallo (m)	kukk	[kukk]

pato (m)	part	[part]
ganso (m)	hani	[hani]
pava (f)	kalkun	[kalʲkun]
perro (m) pastor	lambakoer	[lambakoer]

23. Los animales. Unidad 2

pájaro (m)	lind	[lint]
paloma (f)	tuvi	[tuʋi]
gorrión (m)	varblane	[ʋarblane]
carbonero (m)	tihane	[tihane]
urraca (f)	harakas	[harakas]

águila (f)	kotkas	[kotkas]
azor (m)	kull	[kulʲ]
halcón (m)	kotkas	[kotkas]

cisne (m)	luik	[luik]
grulla (f)	kurg	[kurg]
cigüeña (f)	toonekurg	[toːnekurg]
loro (m), papagayo (m)	papagoi	[papagoj]
pavo (m) real	paabulind	[paːbulint]
avestruz (m)	jaanalind	[jaːnalint]

garza (f)	haigur	[haigur]
ruiseñor (m)	ööbik	[øːbik]
golondrina (f)	suitsupääsuke	[suitsupæːsuke]
pájaro carpintero (m)	rähn	[ræhn]
cuco (m)	kägu	[kægu]
lechuza (f)	öökull	[øːkulʲ]

pingüino (m)	pingviin	[pinguiːn]
atún (m)	tuunikala	[tuːnikala]
trucha (f)	forell	[forelʲ]
anguila (f)	angerjas	[angerjas]

tiburón (m)	haikala	[haikala]
centolla (f)	krabi	[krabi]
medusa (f)	meduus	[meduːs]
pulpo (m)	kaheksajalg	[kaheksajalʲg]
estrella (f) de mar	meritäht	[meritæht]
erizo (m) de mar	merisiil	[merisiːlʲ]

caballito (m) de mar	merihobuke	[merihobuke]
camarón (m)	krevett	[kreʋett]
serpiente (f)	uss	[uss]
víbora (f)	rästik	[ræsʲtik]
lagarto (m)	sisalik	[sisalik]
iguana (f)	iguaan	[igua:n]
camaleón (m)	kameeleon	[kame:leon]
escorpión (m)	skorpion	[skorpion]
tortuga (f)	kilpkonn	[kilʲpkonn]
rana (f)	konn	[konn]
cocodrilo (m)	krokodill	[krokodilʲ]
insecto (m)	putukas	[putukas]
mariposa (f)	liblikas	[liblikas]
hormiga (f)	sipelgas	[sipelʲgas]
mosca (f)	kärbes	[kærbes]
mosquito (m) (picadura de ~)	sääsk	[sæ:sk]
escarabajo (m)	sitikas	[sitikas]
abeja (f)	mesilane	[mesilane]
araña (f)	ämblik	[æmblik]
mariquita (f)	lepatriinu	[lepatri:nu]

24. Los árboles. Las plantas

árbol (m)	puu	[pu:]
abedul (m)	kask	[kask]
roble (m)	tamm	[tamm]
tilo (m)	pärn	[pærn]
pobo (m)	haav	[ha:ʋ]
arce (m)	vaher	[ʋaher]
pícea (f)	kuusk	[ku:sk]
pino (m)	mänd	[mænt]
cedro (m)	seeder	[se:der]
álamo (m)	pappel	[pappelʲ]
serbal (m)	pihlakas	[pihlakas]
haya (f)	pöök	[pø:k]
olmo (m)	jalakas	[jalakas]
fresno (m)	saar	[sa:r]
castaño (m)	kastan	[kasʲtan]
palmera (f)	palm	[palʲm]
mata (f)	põõsas	[pɜ:sas]
seta (f)	seen	[se:n]
seta (f) venenosa	mürgine seen	[mʉrgine se:n]

seta calabaza (f)	**kivipuravik**	[kiʋipuraʋik]
rúsula (f)	**pilvik**	[pilʲʋik]
matamoscas (m)	**kärbseseen**	[kærbsese:n]
oronja (f) verde	**sitaseen**	[sitase:n]

flor (f)	**lill**	[lilʲ]
ramo (m) de flores	**lillekimp**	[lilʲekimp]
rosa (f)	**roos**	[ro:s]
tulipán (m)	**tulp**	[tulʲp]
clavel (m)	**nelk**	[nelʲk]

manzanilla (f)	**karikakar**	[karikakar]
cacto (m)	**kaktus**	[kaktus]
muguete (m)	**maikelluke**	[maikelʲuke]
campanilla (f) de las nieves	**lumikelluke**	[lumikelʲuke]
nenúfar (m)	**vesiroos**	[ʋesiro:s]

invernadero (m) tropical	**kasvuhoone**	[kasʋuho:ne]
césped (m)	**muru**	[muru]
macizo (m) de flores	**lillepeenar**	[lilʲepe:nar]

planta (f)	**taim**	[taim]
hierba (f)	**rohi**	[rohi]
hoja (f)	**leht**	[leht]
pétalo (m)	**õieleht**	[ɜieleht]
tallo (m)	**vars**	[ʋars]
retoño (m)	**idu**	[idu]

cereales (m pl) (plantas)	**teraviljad**	[teraʋiljat]
trigo (m)	**nisu**	[nisu]
centeno (m)	**rukis**	[rukis]
avena (f)	**kaer**	[kaer]

mijo (m)	**hirss**	[hirss]
cebada (f)	**oder**	[oder]
maíz (m)	**mais**	[mais]
arroz (m)	**riis**	[ri:s]

25. Varias palabras útiles

alto (m) (parada temporal)	**seisak**	[sejsak]
ayuda (f)	**abi**	[abi]
balance (m)	**bilanss**	[bilanss]
base (f) (~ científica)	**baas**	[ba:s]
categoría (f)	**kategooria**	[katego:ria]

coincidencia (f)	**kokkulangevus**	[kokkulangeʋus]
comienzo (m) (principio)	**algus**	[alʲgus]
comparación (f)	**võrdlus**	[ʋɜrtlus]
desarrollo (m)	**areng**	[areng]

diferencia (f)	erinevus	[erineʋus]
efecto (m)	efekt	[efekt]
ejemplo (m)	näide	[næjde]
variedad (f) (selección)	valik	[ʋalik]
elemento (m)	element	[element]
error (m)	viga	[ʋiga]

esfuerzo (m)	jõupingutus	[jɜupingutus]
estándar (adj)	standardne	[sˈtandardne]
estilo (m)	stiil	[sˈtiːlʲ]
forma (f) (contorno)	vorm	[ʋorm]
grado (m) (en mayor ~)	aste	[asˈte]
hecho (m)	tõsiasi	[tɜsiasi]
ideal (m)	ideaal	[ideaːlʲ]
modo (m) (de otro ~)	viis	[ʋiːs]
momento (m)	moment	[moment]

obstáculo (m)	takistus	[takisˈtus]
parte (f)	osa	[osa]
pausa (f)	paus	[paus]
posición (f)	positsioon	[positsioːn]
problema (m)	probleem	[probleːm]
proceso (m)	protsess	[protsess]
progreso (m)	progress	[progress]
propiedad (f) (cualidad)	omadus	[omadus]
reacción (f)	reaktsioon	[reaktsioːn]
riesgo (m)	risk	[risk]

secreto (m)	saladus	[saladus]
serie (f)	seeria	[seːria]
sistema (m)	süsteem	[sʉsˈteːm]
situación (f)	situatsioon	[situatsioːn]
solución (f)	lahendamine	[lahendamine]
tabla (f) (~ de multiplicar)	tabel	[tabelʲ]
tempo (m) (ritmo)	tempo	[tempo]

término (m)	mõiste	[mɜisˈte]
tipo (m)	ala	[ala]
(p.ej. ~ de deportes)		
turno (m) (esperar su ~)	järjekord	[jærjekort]
urgente (adj)	kiire	[kiːre]
utilidad (f)	kasu	[kasu]
variante (f)	variant	[ʋariant]
verdad (f)	tõde	[tɜde]
zona (f)	tsoon	[tsoːn]

26. Los adjetivos. Unidad 1

| abierto (adj) | avatud | [aʋatud] |
| adicional (adj) | täiendav | [tæjendaʋ] |

agrio (sabor ~)	hapu	[hapu]
agudo (adj)	terav	[teraʋ]
amargo (adj)	mõru	[mɜru]
amplio (~a habitación)	avar	[aʋar]
antiguo (adj)	iidne	[i:dne]
arriesgado (adj)	riskantne	[riskantne]
artificial (adj)	kunstlik	[kunsʲtlik]
azucarado, dulce (adj)	magus	[magus]
bajo (voz ~a)	vaikne	[ʋaikne]
bello (hermoso)	ilus	[ilus]
blando (adj)	pehme	[pehme]
bronceado (adj)	päevitunud	[pæeʋitunut]
central (adj)	kesk-	[kesk-]
ciego (adj)	pime	[pime]
clandestino (adj)	põrandaalune	[pɜranda:lune]
compatible (adj)	ühtesobiv	[ʉhtesobiʋ]
congelado (pescado ~)	külmutatud	[kʉlʲmutatut]
contento (adj)	rahulolev	[rahuloleʋ]
continuo (adj)	kauakestev	[kauakesʲteʋ]
cortés (adj)	viisakas	[ʋi:sakas]
corto (adj)	lühike	[lʉhike]
crudo (huevos ~s)	toores	[to:res]
de segunda mano	kasutatud	[kasutatut]
denso (~a niebla)	tihe	[tihe]
derecho (adj)	parem	[parem]
difícil (decisión)	raske	[raske]
dulce (agua ~)	mage	[mage]
duro (material, etc.)	kõva	[kɜʋa]
enfermo (adj)	haige	[haige]
enorme (adj)	tohutu	[tohutu]
especial (adj)	spetsiaalne	[spetsia:lʲne]
estrecho (calle, etc.)	kitsas	[kitsas]
exacto (adj)	täpne	[tæpne]
excelente (adj)	eeskujulik	[e:skujulik]
excesivo (adj)	ülearune	[ʉlearune]
exterior (adj)	väline	[ʋæline]
fácil (adj)	lihtne	[lihtne]
feliz (adj)	õnnelik	[ɜnnelik]
fértil (la tierra ~)	viljakas	[ʋiljakas]
frágil (florero, etc.)	habras	[habras]
fuerte (~ voz)	vali	[ʋali]
fuerte (adj)	tugev	[tugeʋ]
grande (en dimensiones)	suur	[su:r]
gratis (adj)	tasuta	[tasuta]

importante (adj)	tähtis	[tæhtis]
infantil (adj)	laste-	[lasʲte-]
inmóvil (adj)	liikumatu	[liːkumatu]
inteligente (adj)	tark	[tark]
interior (adj)	sisemine	[sisemine]
izquierdo (adj)	vasak	[ʋasak]

27. Los adjetivos. Unidad 2

largo (camino)	pikk	[pikk]
legal (adj)	seaduslik	[seaduslik]
ligero (un metal ~)	kerge	[kerge]
limpio (camisa ~)	puhas	[puhas]
líquido (adj)	vedel	[ʋedelʲ]

liso (piel, pelo, etc.)	sile	[sile]
lleno (adj)	täis	[tæjs]
maduro (fruto, etc.)	küps	[kʉps]
malo (adj)	halb	[halʲb]
mate (sin brillo)	matt	[matt]

misterioso (adj)	salapärane	[salapærane]
muerto (adj)	surnud	[surnut]
natal (país ~)	kodu-	[kodu-]
negativo (adj)	negatiivne	[negatiːʋne]
no difícil (adj)	üsna lihtne	[ʉsna lihtne]

normal (adj)	normaalne	[normaːlʲne]
nuevo (adj)	uus	[uːs]
obligatorio (adj)	kohustuslik	[kohusʲtuslik]
opuesto (adj)	vastandlik	[ʋasʲtantlik]
ordinario (adj)	tavaline	[taʋaline]

original (inusual)	algupärane	[alʲgupærane]
peligroso (adj)	ohtlik	[ohtlik]
pequeño (adj)	väike	[ʋæjke]
perfecto (adj)	suurepärane	[suːrepærane]
personal (adj)	isiklik	[isiklik]
pobre (adj)	vaene	[ʋaene]

poco claro (adj)	arusaamatu	[arusaːmatu]
poco profundo (adj)	madal	[madalʲ]
posible (adj)	võimalik	[ʋɔimalik]
principal (~ idea)	peamine	[peamine]
principal (la entrada ~)	peamine	[peamine]

probable (adj)	tõenäoline	[tɜenæoline]
público (adj)	ühiskondlik	[ʉhiskontlik]
rápido (adj)	kiire	[kiːre]
raro (adj)	haruldane	[harulʲdane]

recto (línea ~a)	sirge	[sirge]
sabroso (adj)	maitsev	[maitseʋ]
siguiente (avión, etc.)	järgmine	[jærgmine]
similar (adj)	sarnane	[sarnane]
sólido (~a pared)	vastupidav	[ʋasʲtupidaʋ]
sucio (no limpio)	määrdunud	[mæ:rdunut]
tonto (adj)	rumal	[rumalʲ]

triste (mirada ~)	kurb	[kurb]
último (~a oportunidad)	viimane	[ʋi:mane]
último (~a vez)	möödunud	[mø:dunut]
vacío (vaso medio ~)	tühi	[tʉhi]
viejo (casa ~a)	vana	[ʋana]

28. Los verbos. Unidad 1

abrir (vt)	lahti tegema	[lahti tegema]
acabar, terminar (vt)	lõpetama	[lɜpetama]
acusar (vt)	süüdistama	[sʉ:disʲtama]
agradecer (vt)	tänama	[tænama]
almorzar (vi)	lõunat sööma	[lɜunat sø:ma]
alquilar (~ una casa)	üürima	[ʉ:rima]

anular (vt)	ära jätma	[æra jætma]
anunciar (vt)	teatama	[teatama]
apagar (vt)	välja lülitama	[ʋælja lʉlitama]
autorizar (vt)	lubama	[lubama]
ayudar (vt)	aitama	[aitama]

bailar (vi, vt)	tantsima	[tantsima]
beber (vi, vt)	jooma	[jo:ma]
borrar (vt)	eemaldama	[e:malʲdama]
bromear (vi)	nalja tegema	[nalja tegema]
bucear (vi)	sukelduma	[sukelʲduma]
caer (vi)	kukkuma	[kukkuma]

cambiar (vt)	muutma	[mu:tma]
cantar (vi)	laulma	[laulʲma]
cavar (vt)	kaevama	[kaeʋama]
cazar (vi, vt)	jahil käima	[jahilʲ kæjma]
cenar (vi)	õhtust sööma	[ɜhtusʲt sø:ma]

cerrar (vt)	sulgema	[sulʲgema]
cesar (vt)	katkestama	[katkesʲtama]
coger (vt)	püüdma	[pʉ:dma]
comenzar (vt)	alustama	[alusʲtama]
comer (vi, vt)	sööma	[sø:ma]
comparar (vt)	võrdlema	[ʋɜrtlema]
comprar (vt)	ostma	[osʲtma]
comprender (vt)	aru saama	[aru sa:ma]

confiar (vt)	usaldama	[usalʲdama]
confirmar (vt)	kinnitama	[kinnitama]
conocer (~ a alguien)	tundma	[tundma]
construir (vt)	ehitama	[ehitama]
contar (una historia)	jutustama	[jutusʲtama]
contar (vt) (enumerar)	lugema	[lugema]
contar con ...	lootma ...	[loːtma ...]
copiar (vt)	kopeerima	[kopeːrima]
correr (vi)	jooksma	[joːksma]
costar (vt)	maksma	[maksma]
crear (vt)	looma	[loːma]
creer (en Dios)	jumalat uskuma	[jumalat uskuma]
dar (vt)	andma	[andma]
decidir (vt)	otsustama	[otsusʲtama]
decir (vt)	ütlema	[ʉtlema]
dejar caer	pillama	[pilʲæma]
depender de ...	sõltuma ...	[sɜlʲtuma ...]
desaparecer (vi)	kadunuks jääma	[kadunuks jæːma]
desayunar (vi)	hommikust sööma	[hommikusʲt søːma]
despreciar (vt)	põlgama	[pɜlʲgama]
disculpar (vt)	vabandama	[uabandama]
disculparse (vr)	vabandama	[uabandama]
discutir (vt)	arutama	[arutama]
divorciarse (vr)	lahutama	[lahutama]
dudar (vt)	kahtlema	[kahtlema]

29. Los verbos. Unidad 2

encender (vt)	sisse lülitama	[sisse lʉlitama]
encontrar (hallar)	leidma	[lejdma]
encontrarse (vr)	kohtuma	[kohtuma]
engañar (vi, vt)	petma	[petma]
enviar (vt)	saatma	[saːtma]
equivocarse (vr)	eksima	[eksima]
escoger (vt)	valima	[ualima]
esconder (vt)	peitma	[pejtma]
escribir (vt)	kirjutama	[kirjutama]
esperar (aguardar)	ootama	[oːtama]
esperar (tener esperanza)	lootma	[loːtma]
estar ausente	puuduma	[puːduma]
estar cansado	väsima	[uæsima]
estar de acuerdo	nõustuma	[nɜusʲtuma]
estudiar (vt)	uurima	[uːrima]
exigir (vt)	nõudma	[nɜudma]

existir (vi)	olemas olema	[olemas olema]
explicar (vt)	seletama	[seletama]
faltar (a las clases)	puuduma	[puːduma]
felicitar (vt)	õnnitlema	[ɜnnitlema]
firmar (~ el contrato)	allkirjastama	[alʲkirjasʲtama]
girar (~ a la izquierda)	pöörama	[pøːrama]
gritar (vi)	karjuma	[karjuma]
guardar (conservar)	säilitama	[sæjlitama]
gustar (vi)	meeldima	[meːlʲdima]
hablar (vi, vt)	rääkima	[ræːkima]
hablar con …	rääkima, vestlema …	[ræːkima], [ʋesʲtlema …]
hacer (vt)	tegema	[tegema]
hacer la limpieza	korda tegema	[korda tegema]
insistir (vi)	nõudma	[nɜudma]
insultar (vt)	solvama	[solʲuama]
invitar (vt)	kutsuma	[kutsuma]
ir (a pie)	minema	[minema]
jugar (divertirse)	mängima	[mæŋgima]
leer (vi, vt)	lugema	[lugema]
llegar (vi)	saabuma	[saːbuma]
llorar (vi)	nutma	[nutma]
matar (vt)	tapma	[tapma]
mirar a …	… vaatama	[… ʋaːtama]
molestar (vt)	segama	[segama]
morir (vi)	surema	[surema]
mostrar (vt)	näitama	[næjtama]
nacer (vi)	sündima	[sʉndima]
nadar (vi)	ujuma	[ujuma]
negar (vt)	eitama	[ejtama]
obedecer (vi, vt)	alluma	[alʲuma]
odiar (vt)	vihkama	[ʋihkama]
oír (vt)	kuulma	[kuːlʲma]
olvidar (vt)	unustama	[unusʲtama]
orar (vi)	palvetama	[palʲuetama]

30. Los verbos. Unidad 3

pagar (vi, vt)	maksma	[maksma]
participar (vi)	osa võtma	[osa ʋɜtma]
pegar (golpear)	lööma	[løːma]
pelear (vi)	kaklema	[kaklema]
pensar (vi, vt)	mõtlema	[mɜtlema]
perder (paraguas, etc.)	kaotama	[kaotama]
perdonar (vt)	andeks andma	[andeks andma]
pertenecer a …	kuuluma	[kuːluma]

poder (v aux)	**võima**	[ʋɜima]
poder (v aux)	**võima**	[ʋɜima]
preguntar (vt)	**küsima**	[kʉsima]
preparar (la cena)	**süüa tegema**	[sʉ:a tegema]

prever (vt)	**ette nägema**	[ette nægema]
probar (vt)	**tõestama**	[tɜesʲtama]
prohibir (vt)	**keelama**	[ke:lama]
prometer (vt)	**lubama**	[lubama]
proponer (vt)	**pakkuma**	[pakkuma]
quebrar (vt)	**murdma**	[murdma]

quejarse (vr)	**kaebama**	[kaebama]
querer (amar)	**armastama**	[armasʲtama]
querer (desear)	**tahtma**	[tahtma]
recibir (vt)	**kätte saama**	[kætte sa:ma]
repetir (vt)	**kordama**	[kordama]
reservar (~ una mesa)	**reserveerima**	[reserʋe:rima]

responder (vi, vt)	**vastama**	[ʋasʲtama]
robar (vt)	**varastama**	[ʋarasʲtama]
saber (~ algo mas)	**teadma**	[teadma]
salvar (vt)	**päästma**	[pæ:sʲtma]
secar (ropa, pelo)	**kuivatama**	[kuiʋatama]

sentarse (vr)	**istuma**	[isʲtuma]
sonreír (vi)	**naeratama**	[naeratama]
tener (vt)	**omama**	[omama]
tener miedo	**kartma**	[kartma]

tener prisa	**kiirustama**	[ki:rusʲtama]
tener prisa	**ruttama**	[ruttama]
terminar (vt)	**katkestama**	[katkesʲtama]
tirar, disparar (vi)	**tulistama**	[tulisʲtama]
tomar (vt)	**võtma**	[ʋɜtma]
trabajar (vi)	**töötama**	[tø:tama]

traducir (vt)	**tõlkima**	[tɜlʲkima]
tratar (de hacer algo)	**püüdma**	[pʉ:dma]
vender (vt)	**müüma**	[mʉ:ma]
ver (vt)	**nägema**	[nægema]
verificar (vt)	**kontrollima**	[kontrolʲima]
volar (pájaro, avión)	**lendama**	[lendama]